Ravensburger Freizeit-Taschenbücher
Band 249

Eva-Maria Leszner

Neue Häkelspitzen

für Taschentücher, Tischläufer und Decken

Otto Maier Verlag Ravensburg

Originalausgabe

Fotos: E. M. und D. Leszner
Umschlaggestaltung: Werner Fichtner, Stuttgart
Satz: Fotosatz Ruderer, Grünkraut
Druck und Verarbeitung: Ebner Ulm
Printed in Germany

90 89 88 87 86 5 4 3 2 1

ISBN 3-473-43249-0

Einleitung

Dies ist das zweite Ravensburger Freizeit-Taschenbuch, das ausschließlich relativ schmale Häkelspitzen vorstellt, die vor allem für Taschentücher gedacht sind. Jedes der Muster ist anders und völlig verschieden von denen, die im ersten Band (FTB 212) gezeigt worden sind. Wieder gibt es *schnell* zu häkelnde Muster und solche, die ein wenig mehr Zeit beanspruchen, wieder gibt es strengere und verspieltere Spitzen, Spitzen mit Bögen oder Zakken und solche, die gerade oder glatt sind. Und wie im ersten Band sind die Muster natürlich nicht nur zum Umhäkeln von Taschentüchern, sondern - mit etwas stärkerem Garn und dickerer Nadel - zur Umrandung von Servietten und Sets oder auch Tischdecken geeignet.
Wenn Sie den ersten Band bereits besitzen, dann wissen Sie, daß es bei der Fülle der schönen Muster gar nicht so einfach ist, sich für eines zu entscheiden. Auch hier wird Ihnen die Wahl zur Qual werden. Wenn Sie aber Ihr erstes Taschentuch nach einem Muster aus diesem Buch häkeln wollen, so werden Sie sicher schnell Freude daran finden und merken, daß das Umhäkeln von Taschentüchern viel einfacher ist, als die Zartheit der fertigen feinen Arbeiten vermuten läßt, und so wird es bestimmt auch bei Ihnen nicht bei einem Taschentuch bleiben.
Auch wenn wir die feinen Batist- und Baumwoll-Taschentücher für den großen Schnupfen nicht benutzen - denn dafür sind sie nicht nur viel zu schade, sondern auch zu unpraktisch - so kann man Taschentücher eigentlich nie genug haben; es müssen ja nicht gleich zwölf Dutzend werden, wie sie noch im letzten Jahrhundert zur Aussteuer eines Mädchens aus gutem Hause gehörten.
Selbst umhäkelte Taschentücher sind nicht nur für den Eigengebrauch geeignet, sondern auch ein bezauberndes Geschenk für Freunde, Bekannte und Verwandte. Natürlich nur für Frauen und Mädchen, denn wer käme schon auf die Idee, einem Mann oder einem Jungen ein gehäkeltes Spitzentuch zu schenken? - oder haben sich die Zeiten wieder geändert? Taschentücher waren

nämlich im Orient, wo sie ihren Ursprung haben, ein männliches Attribut. Dort war es sogar ein Vorrecht der Fürsten und hohen Würdenträger, ein Taschentuch weithin sichtbar am Gürtel zu tragen.
In Europa - wo Spitzentaschentücher ungefähr seit dem 16. Jahrhundert bekannt sind - wurden sie gleichermaßen von Männern und Frauen getragen, allerdings nur von den Wohlhabendsten, von Fürsten und anderen Edelleuten. Nur sie konnten sich die hauchzarten Gebilde leisten. Denn Taschentücher wurden mit breiten, filigranen Klöppel- oder Nadelspitzen umrandet und der Stoff zusätzlich noch mit den feinsten Stickereien verziert. Gefertigt wurden diese Luxusartikel von professionellen Handwerkern, vornehmlich in den Zentren der Spitzenkunst, in Flandern, Brabant, Frankreich und Venedig.
Die wesentlich einfacher zu fertigenden Häkelspitzen, deren Nacharbeiten uns auch heute so viel Freude macht, kamen erst im 19. Jahrhundert langsam in Mode. Damals begann sich die *weibliche Handarbeit* als „ehrbare" Beschäftigung für Bürgersfrauen immer mehr durchzusetzen. Aus dem Luxusartikel Taschentuch wurde ein schöner, selbstgefertigter Gebrauchsgegenstand, den sich jeder leisten konnte.
Häkelspitzen haben - durch die Arbeitstechnik bedingt - ihren eigenen zeitlosen Stil: ob ein Muster vor 150 oder vor 80 Jahren oder gerade gestern entworfen wurde - das kann man ihm nicht ansehen. Vielleicht ist das der Grund, warum sie heute noch genau so beliebt sind, wie bei unseren Großmüttern und Urgroßmüttern.

Arbeitsanleitung

Taschentücher zu umhäkeln ist wirklich nichts Besonderes, denn ob Sie mit dickerem Baumwollgarn einen Pullover häkeln oder mit 80er Spitzengarn und einer Häkelnadel Nr. 0,6 ein Taschentuch verzieren, die Arbeit ist dieselbe, auch wenn die feine Spitze so viel mühsamer und schwieriger aussieht.
Die Häkelschrift, die ich für die in diesem Buch zusammengestellten Muster verwendet habe, ist auf Seite 11 erläutert. Es ist dieselbe, die ich im ersten Band (FTB 212) und in allen anderen Häkelbüchern in der Reihe der Ravensburger Freizeit-Taschenbücher benutzt habe. Für diejenigen, die schon mehr gehäkelt haben, ergibt sich also nichts Neues.
Wenn Sie allerdings noch gar nicht gehäkelt haben, oder Ihre einzigen Erfahrungen mit der Häkelnadel weit zurück in der Schulzeit liegen, dann sollten Sie sich am besten zuerst mit den einzelnen Maschen vertraut machen.
Im Gegensatz zu Deckchen werden Spitzen und Einsätze normalerweise in Reihen, gewissermaßen am laufenden Meter gehäkelt. Die fertigen Spitzen werden dann in einem zweiten Arbeitsgang angenäht oder angehäkelt (siehe hierzu Ravensburger Freizeit-Taschenbücher Band 114 und 168). Taschentuchspitzen werden dagegen wie Häkeldecken in Runden gearbeitet, mit dem einzigen Unterschied, daß man nicht in der Mitte anfängt und eine ganze Decke häkelt, sondern daß in der Mitte der Stoff ist. Ein gewaltiger *arbeitstechnischer Vorteil:* es geht viel, viel schneller. Es hat aber auch seine Schattenseiten, man muß genau aufpassen, daß das Muster aufgeht und an allen vier Ecken um den Stoff herumpaßt. Denn das ist ja klar, wenn man bei einem quadratischen Deckchen in der Mitte anfängt und Runde um Runde zunimmt, dann stimmen die Ecken immer. Wenn man eine Spitze annäht, mißt man die Seitenlänge und macht an der richtigen Stelle die Ecken. Wenn man aber in Runden um ein fertiges quadratisches Werkstück – wie das besäumte Taschentuch – die Spitze häkelt, so muß man auf den Rapport des Musters achten, auf den Mustervorlagen ist darum der Rapport jeweils eingezeichnet.

Man beginnt das Umhäkeln immer mit einer Runde fester Maschen oder einer Runde Luftmaschenbögen. *Die Anzahl der festen Maschen oder der Luftmaschenbögen muß auf jeder der vier Seiten – unter Berücksichtigung der für die Ecken notwendigen Maschen – durch den Rapport teilbar sein.* Das ist nicht so kompliziert, wie es sich anhört; nehmen wir ein Beispiel: Der Rapport des Musters auf Seite 30 hat 8 Maschen, für die Ecken wird auf jeder Seite 1 Masche benötigt. Mit 150 Maschen käme man in diesem Fall nicht aus: 150–2 (für die beiden Ecken) = 148; das läßt sich aber nicht durch 8 teilen. Man benötigt darum pro Seite 142, 149 oder 156 Maschen bzw. Luftmaschenbögen. Wenn in der ersten Runde der Rapport stimmt, gibt es keine Probleme mehr. Wenn man dagegen das Muster *hinmogelt,* muß man über mehrere Runden

an der Fehlerstelle aufpassen. Das geht auch, ich persönlich finde es aber wesentlich mühsamer.
Taschentücher werden mit 80er oder 100er Spitzengarn und einer Nadel Nr. 0,6 oder 0,75 gehäkelt. Deckchen, Sets oder Servietten können Sie etwas gröber, z. B. mit MEZ Liana Nr. 10 und Nadelstärke 1,5 oder 1,75, umhäkeln. Je fester Sie häkeln, desto schöner kommt das Muster zur Geltung!
Die meisten der hier abgebildeten Muster sind mit weißem, einige mit pastellfarbenem oder mit meliertem Garn umhäkelt. Welche Farben Sie wählen, und ob Sie ein- oder mehrfarbig arbeiten, ist Geschmackssache. Mir gefallen rein weiße Taschentücher am besten, allenfalls noch gelbe oder hellblaue, die Ton in Ton umrandet wurden. Bei Sets, Servietten und Decken kommt es darauf an,

wofür Sie sie verwenden wollen, denn sie sollen ja zum Geschirr und zum Tisch passen. Wenn Sie gemusterte Stoffe verwenden, was auch sehr schön aussehen kann, ist es wieder etwas anderes. Auf ein Taschentuch auf Seite 15 ist z. B. ein Blümchen gestickt, hier wurde dann für den Häkelrand ein farblich passendes meliertes Garn verwendet. Sets und Servietten können Sie aus jedem feinen Wäschestoff wie Batist, feinem Leinen oder Damast machen. Nach dem Zuschneiden nähen Sie einen Handrollsaum oder säumen mit einer feinen, sehr schmalen Maschinennaht.
Für Taschentücher sollte man nur feinen Batist verwenden. Da der sehr schwer zu bekommen ist und es in Handarbeitsgeschäften und fast allen Kaufhäusern schon fertig gesäumte Taschentücher gibt, können Sie auch diese verwenden.
Taschentücher werden mit Rollsaum, Maschinensaum und Hohlsaum angeboten. Alle sind gleichermaßen gut für das Umhäkeln geeignet. Wie die Abbildungen zeigen, gibt es die mit Hohlsaum eingefaßten Taschentücher nicht nur mit geraden, sondern auch mit verschiedenen Bogenrändern. Die Muster bis Seite 104 können Sie um jedes Taschentuch, jede Serviette und jedes Set mit *geradem* Rand häkeln, egal wie der Saum gearbeitet wurde. Die Muster auf den Seiten 105 bis 119 sind speziell für Taschentücher mit Bogenrändern, die im Handel erhältlich sind, entworfen. Jedes Muster paßt nur für einen bestimmten Bogen – dort aber genau.

Zeichenerklärung

 = 1 Luftmasche

 = 1 Kettmasche

 = 1 feste Masche

 = 1 halbes Stäbchen

 = 1 Stäbchen

 = 1 Doppelstäbchen

 = 1 Dreifachstäbchen

 = 2 Stäbchen in eine Einstichstelle

 = in eine Einstichstelle: 1 Stäbchen, 2 Luftmaschen, 1 Stäbchen

 = in eine Einstichstelle: 1 Stäbchen, 1 Luftmasche, 1 Stäbchen, 1 Luftmasche, 1 Stäbchen

 = 3 oder 5 Luftmaschen, mit 1 festen Masche in die 1. Luftmasche zurückhäkeln (Picot)

 = Kreuzstäbchen

 = 2 zusammen abgemaschte Doppelstäbchen in eine Einstichstelle

 = 3 Luftmaschen, in die 1. Luftmasche 2 zusammen abgemaschte Stäbchen häkeln

 = 4 Luftmaschen, in die 1. Luftmasche 2 zusammen abgemaschte Doppelstäbchen häkeln

 = 4 zusammen abgemaschte Doppelstäbchen

 = 4 Luftmaschen, in die 1. Luftmasche 1 Doppelstäbchen

 = 2 mal 2 = 4 zusammen abgemaschte Doppelstäbchen (Büschelstäbchen)

 = Büschelstäbchen = 3 oder 4 Stäbchen in 1 Einstichstelle und zusammen abgemascht

 = Anschlußstelle mit einer Kettmasche

 = zurückhäkeln (Picot)

 = Fadenring

→ oder ← = Häkelrichtung

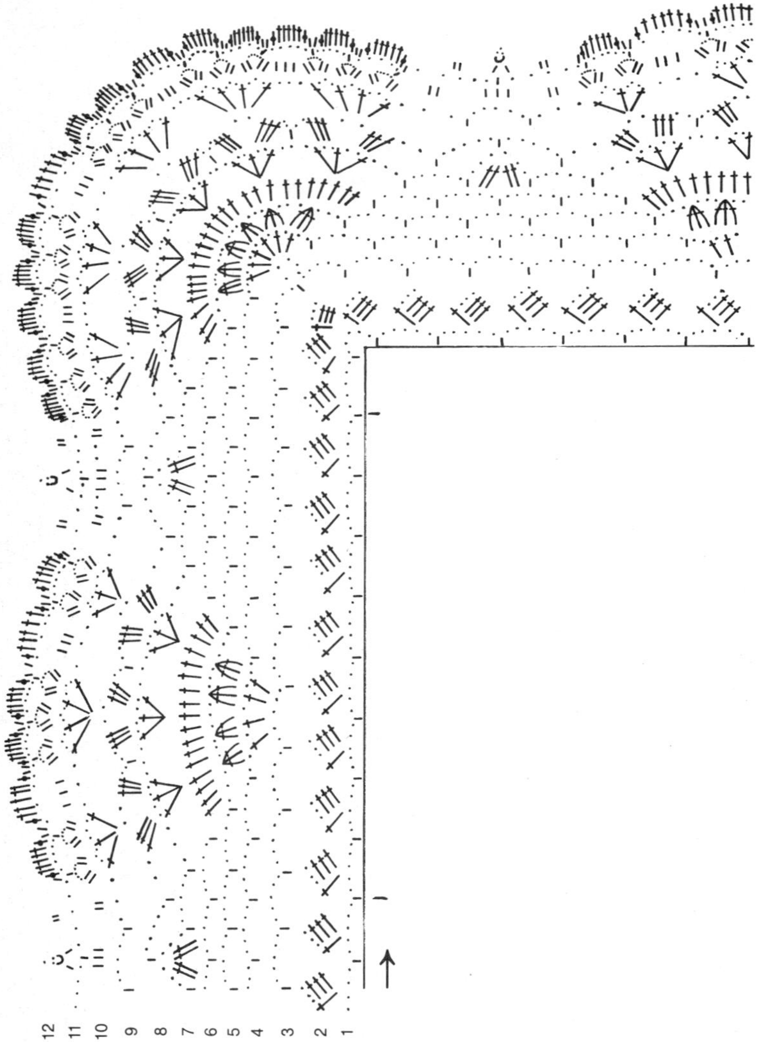
1
2
3
4
5
6
7
8
9
10
11
12

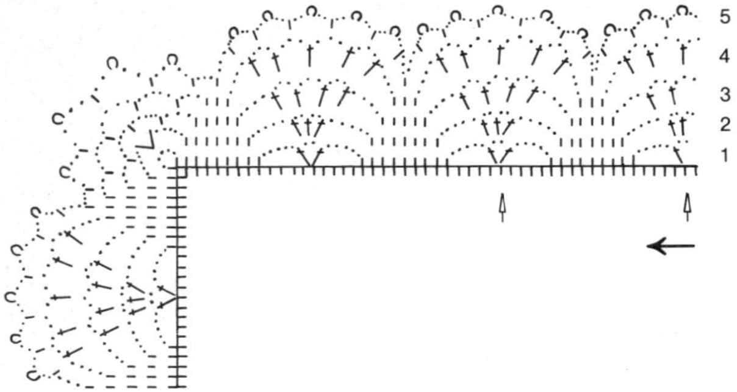
5
4
3
2
1

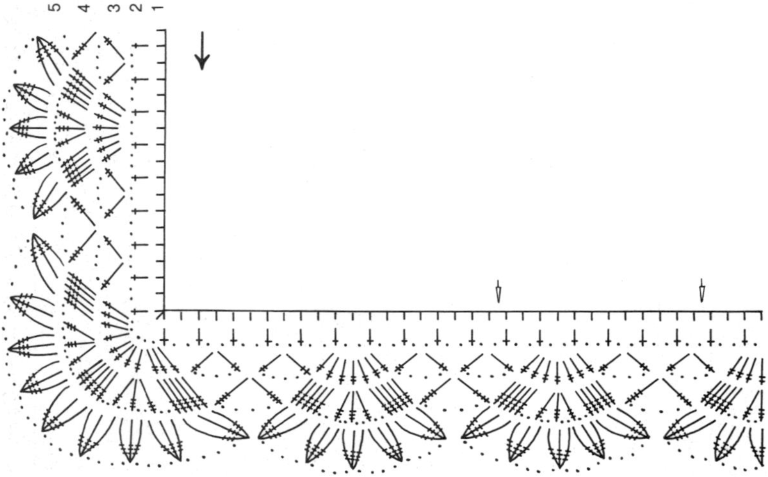
5
4
3
2
1

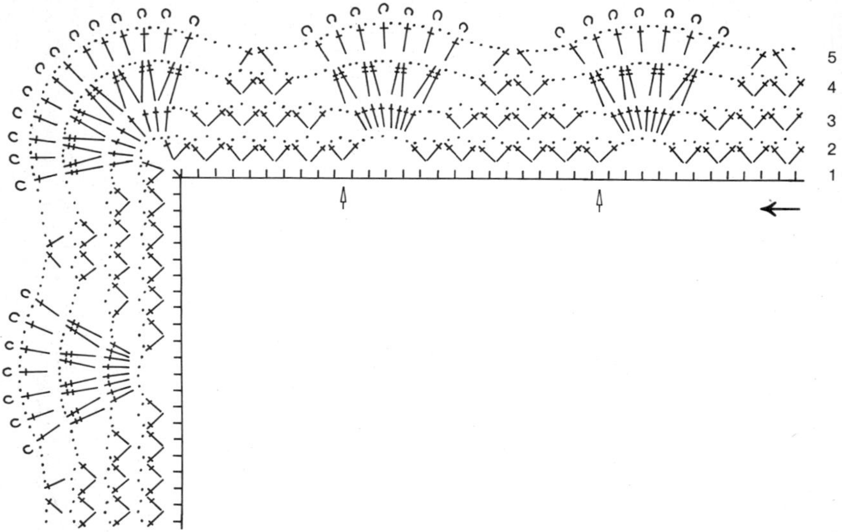
5
4
3
2
1

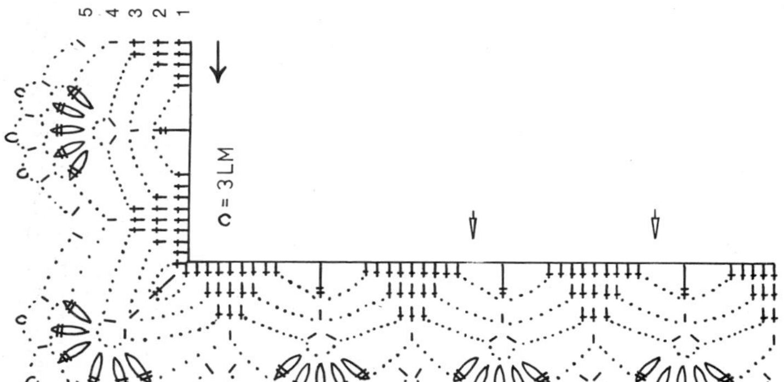
5
4
3
2
1
○ = 3LM

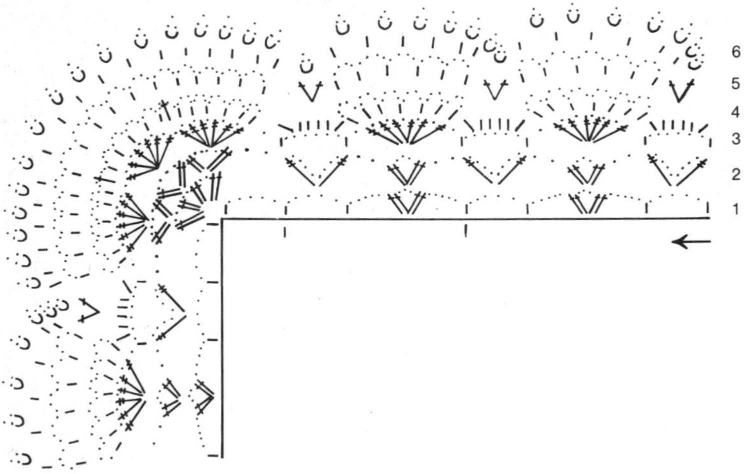
6
5
4
3
2
1

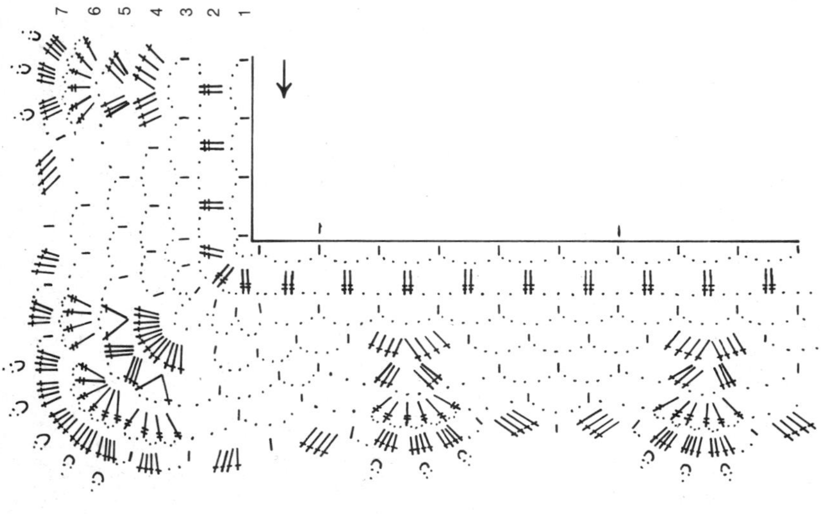
7
6
5
4
3
2
1

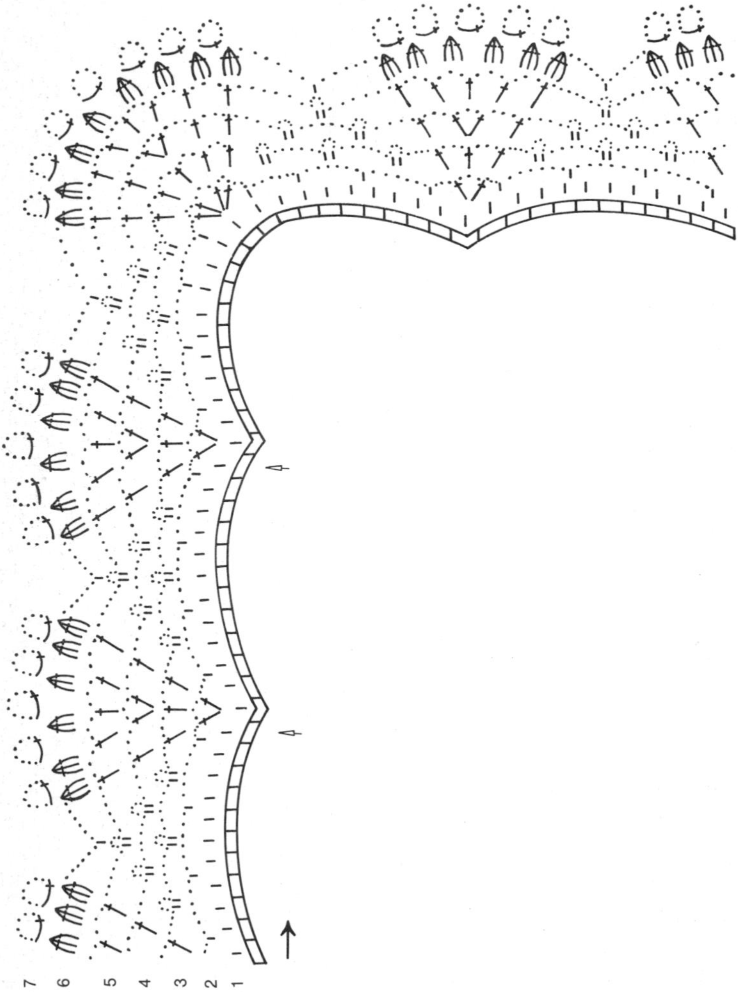
1
2
3
4
5
6
7

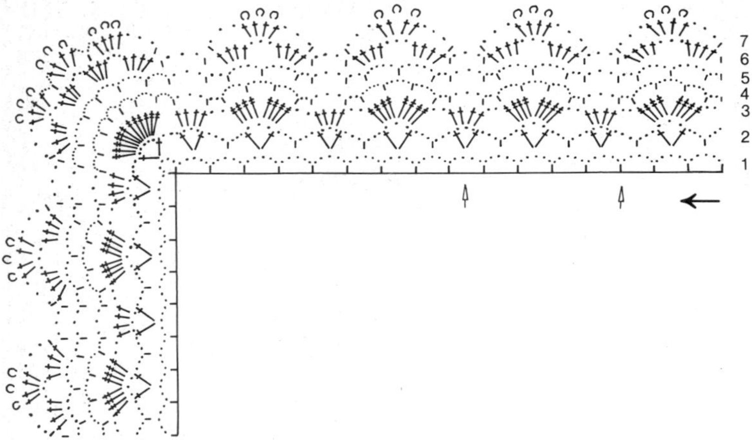
7
6
5
4
3
2
1

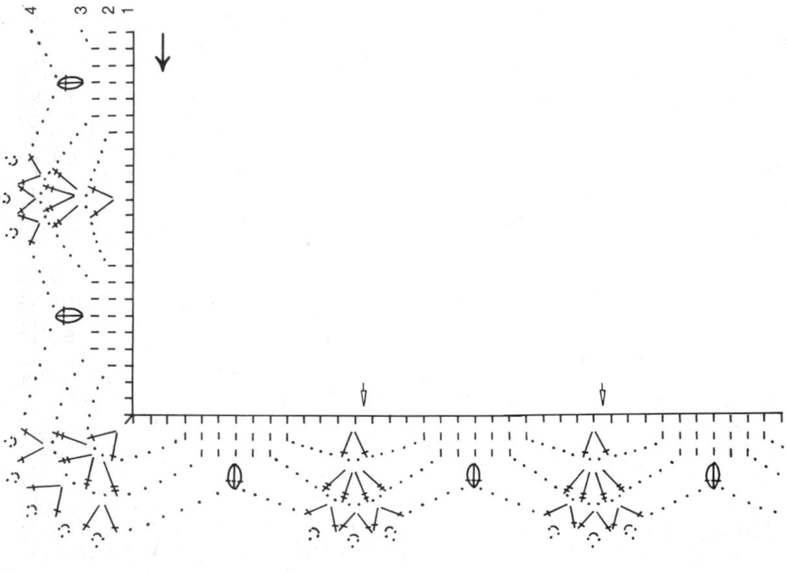
4
3
2
1

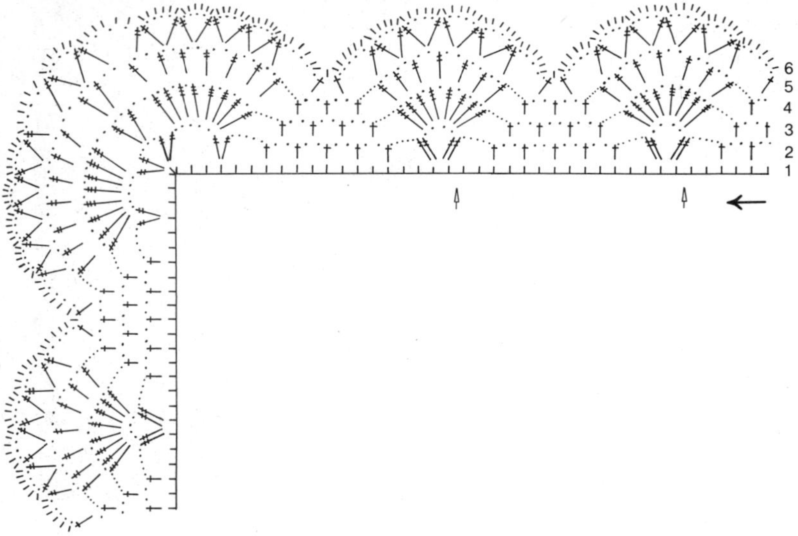
6
5
4
3
2
1

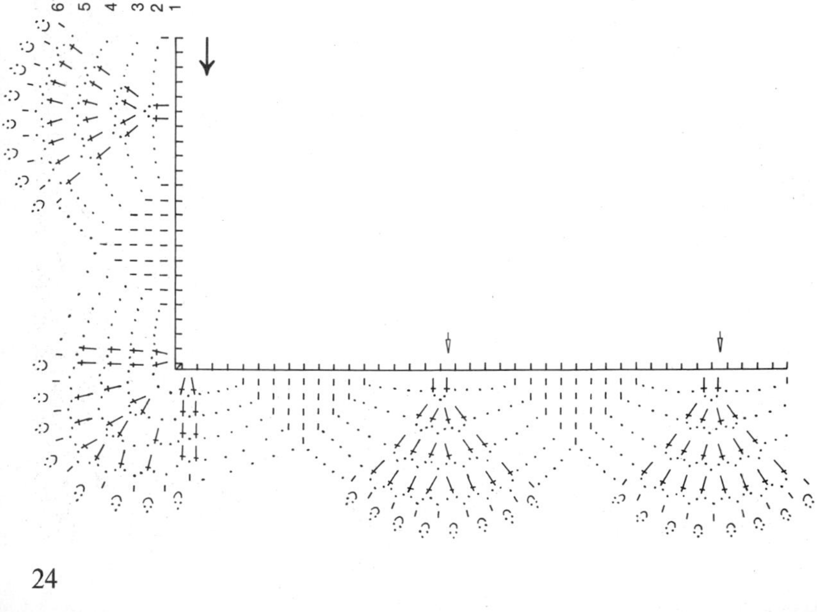
6
5
4
3
2
1

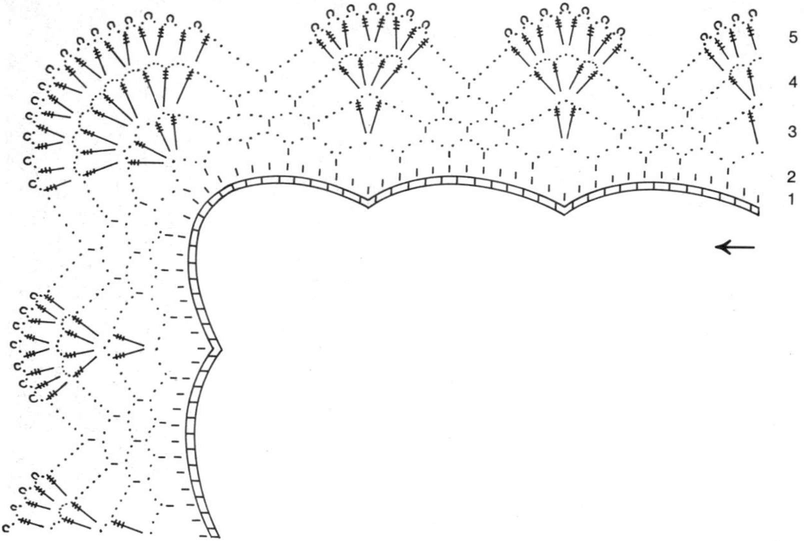
5
4
3
2
1

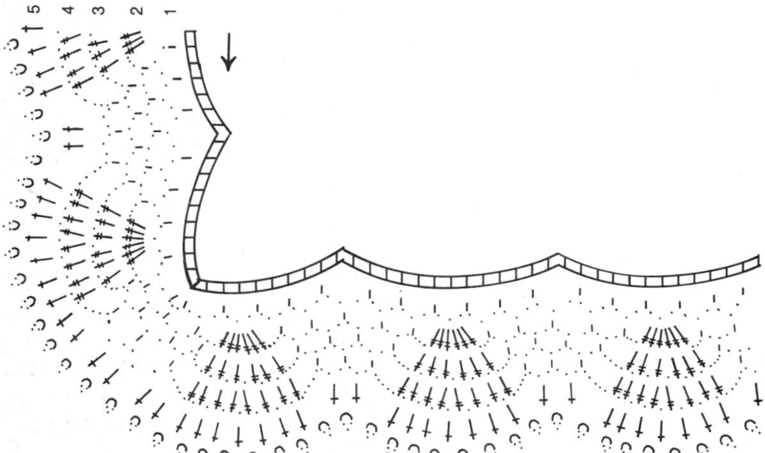
5
4
3
2
1

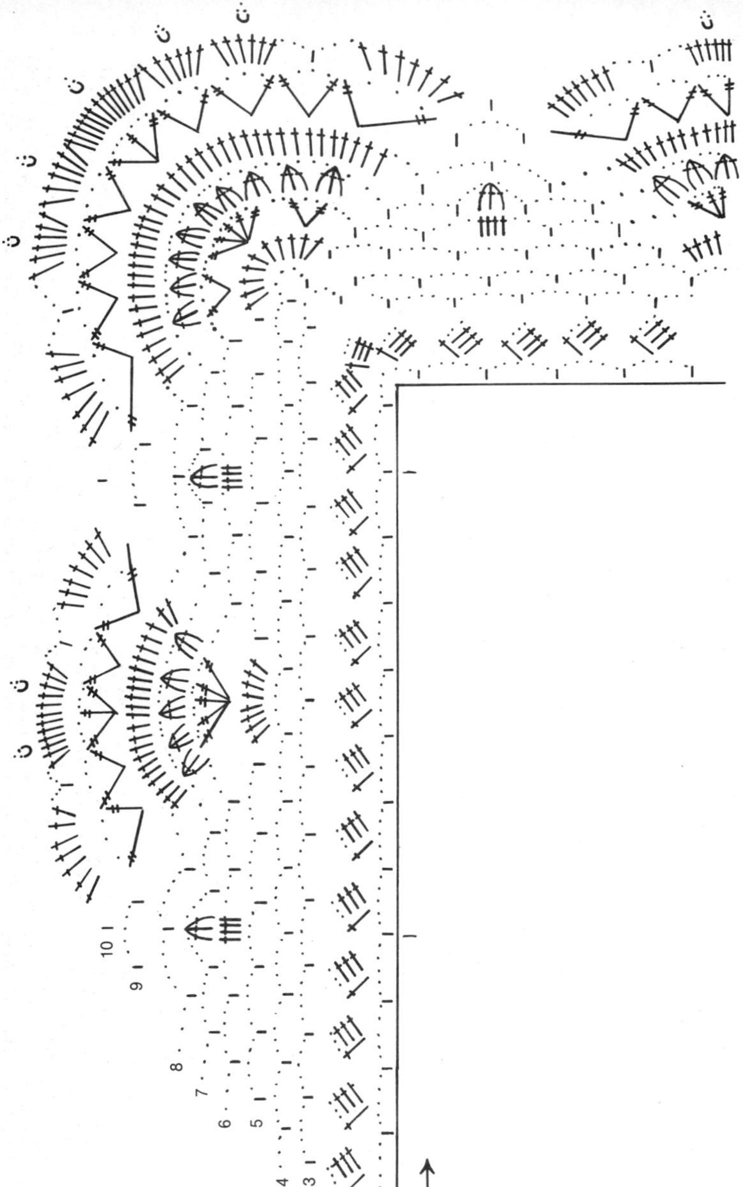
1
2
3
4
5
6
7
8
9
10

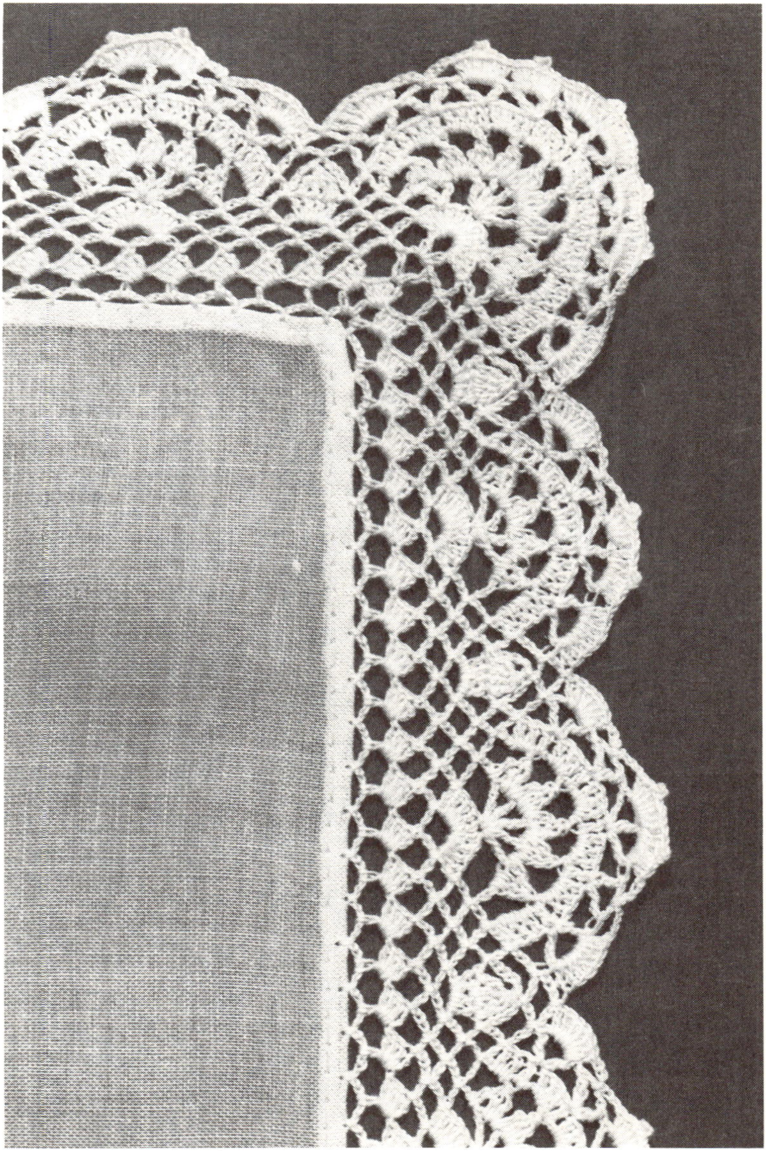

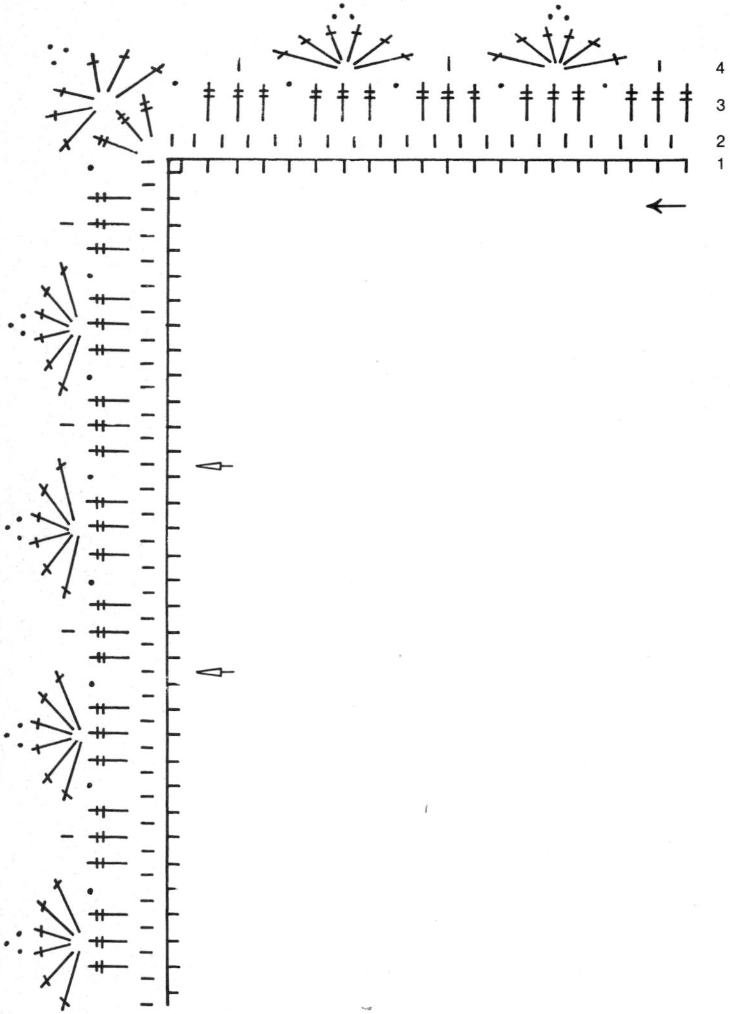
4
3
2
1

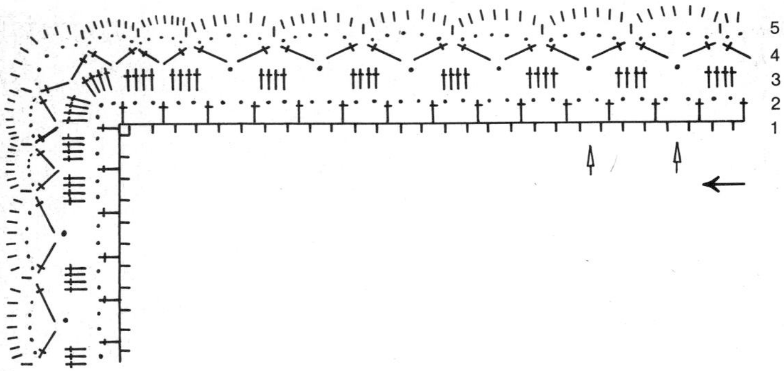
5
4
3
2
1

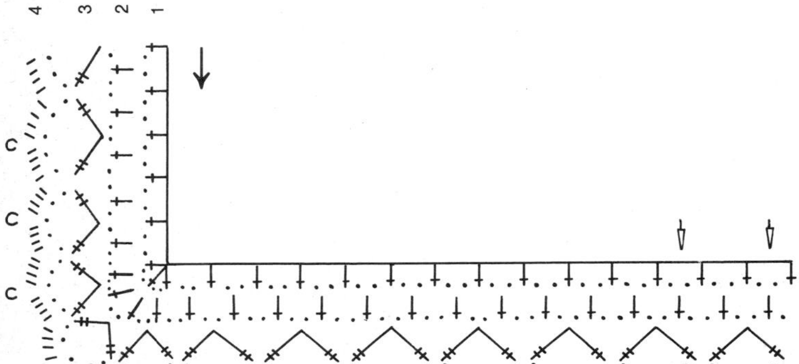

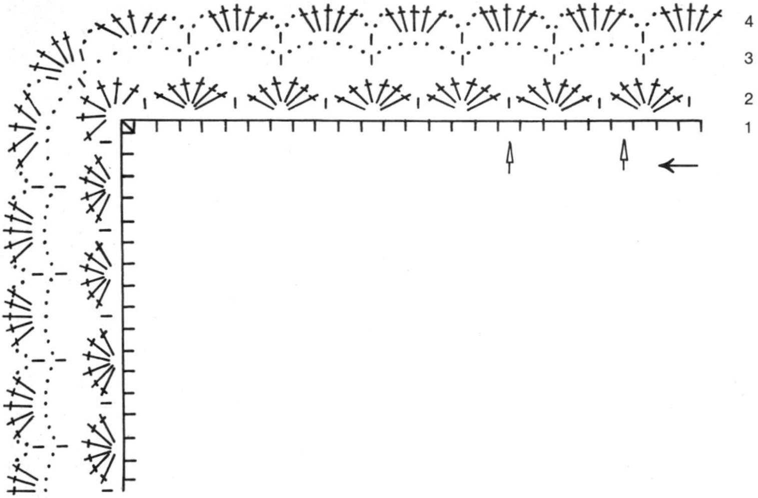
4
3
2
1

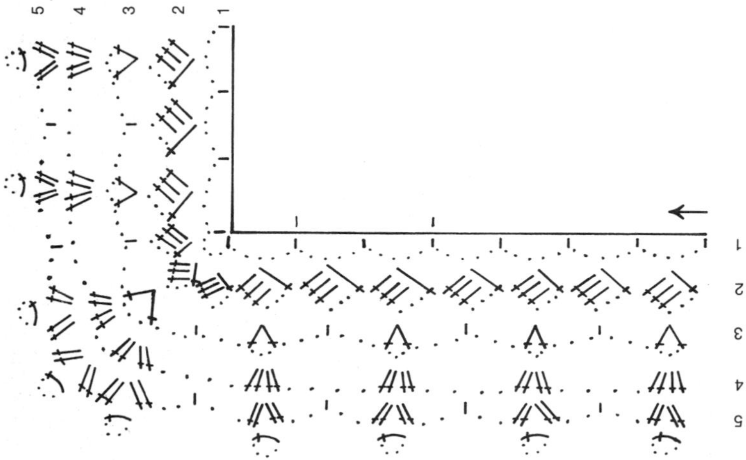
5
4
3
2
1

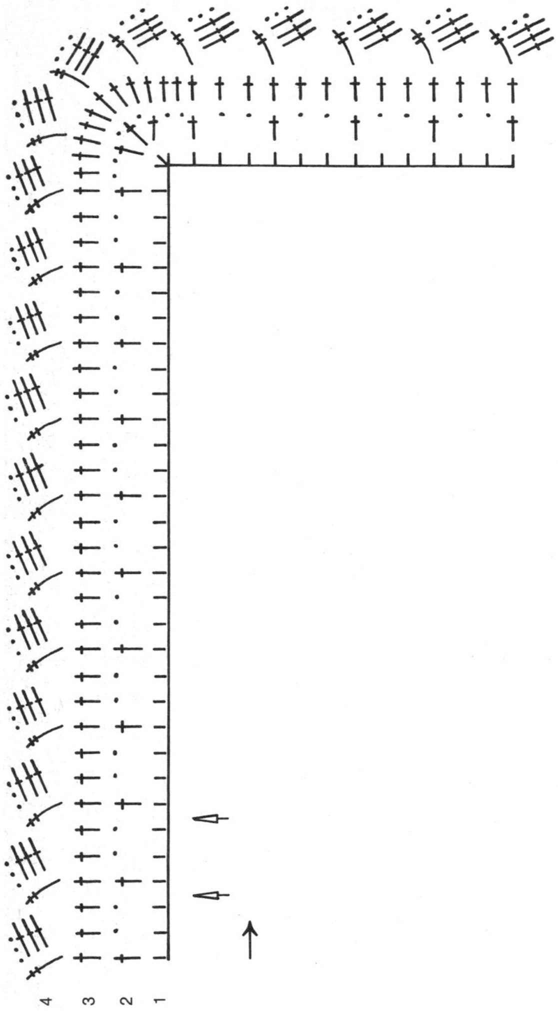
4
3
2
1

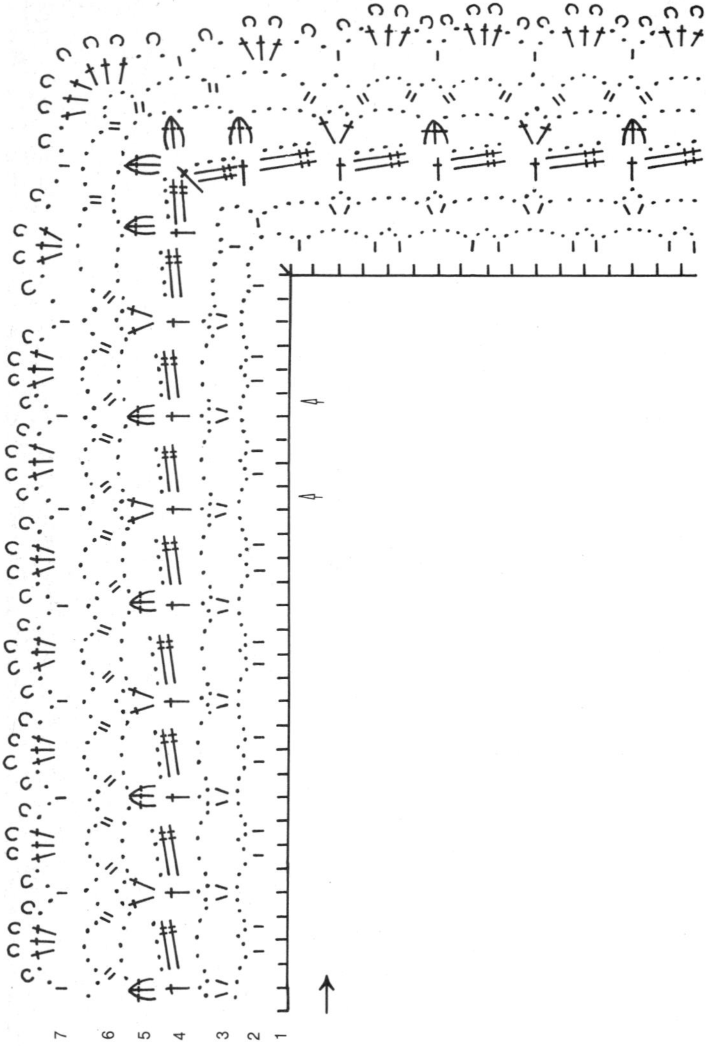
7
6
5
4
3
2
1

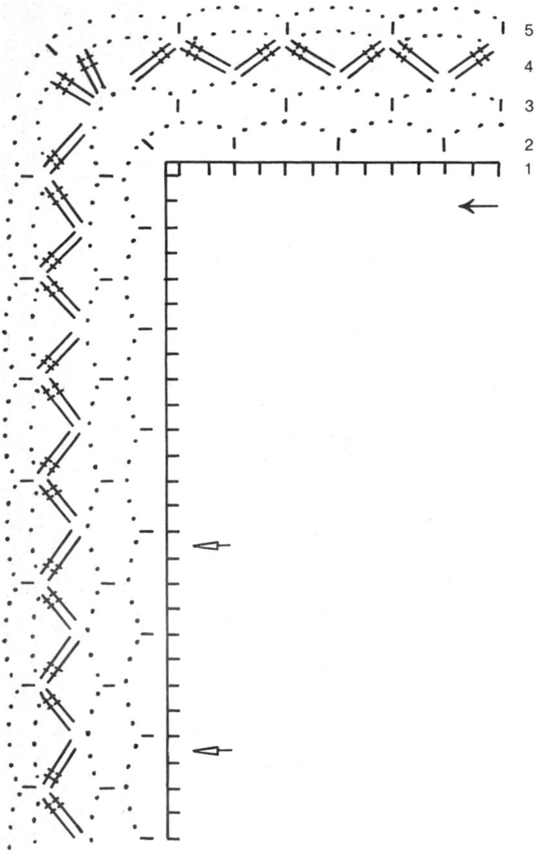
5
4
3
2
1

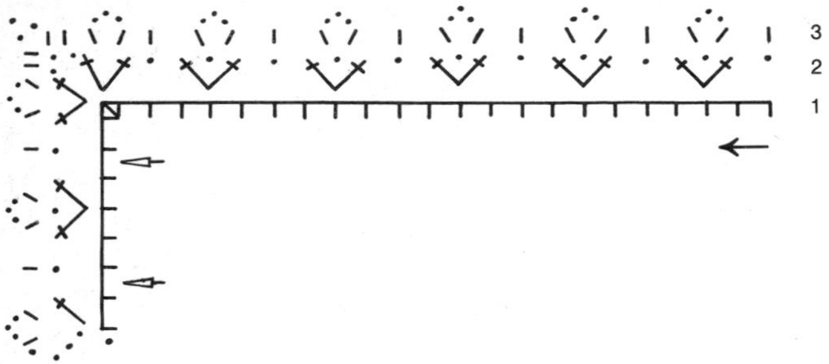
3
2
1

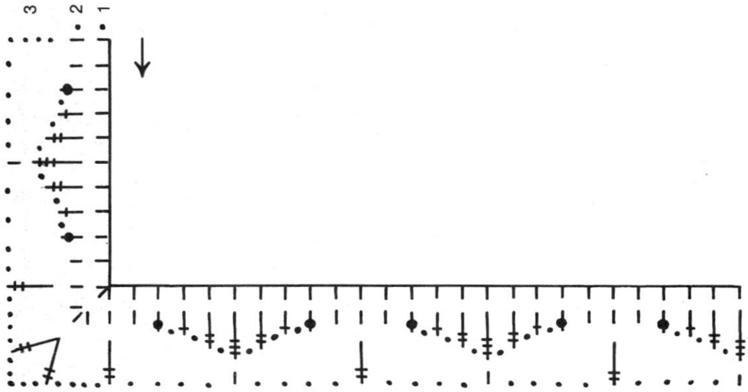
3
2
1

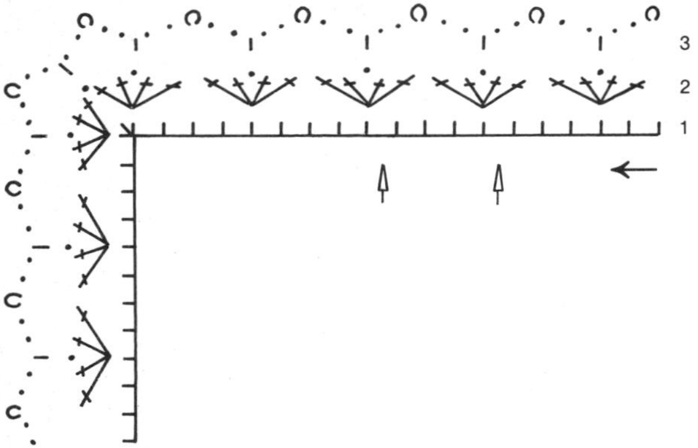
3
2
1

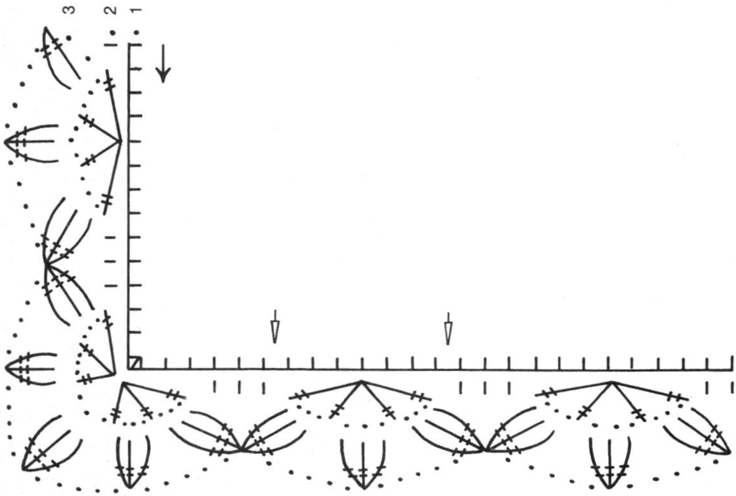
3
2
1

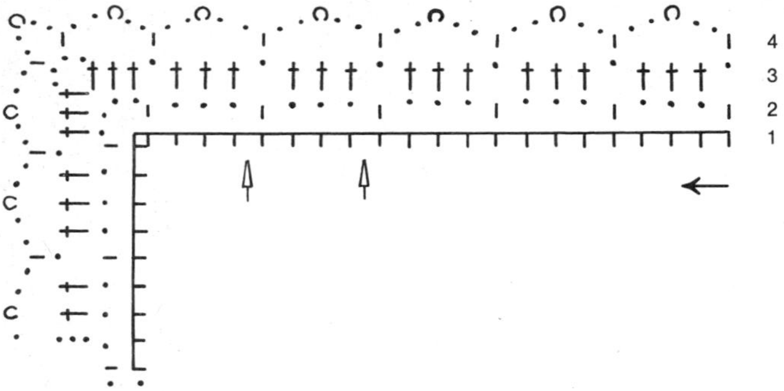
4
3
2
1

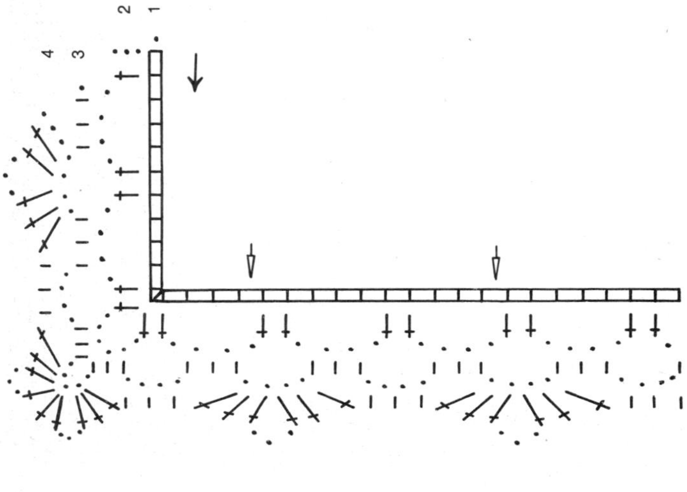
4
3
2
1

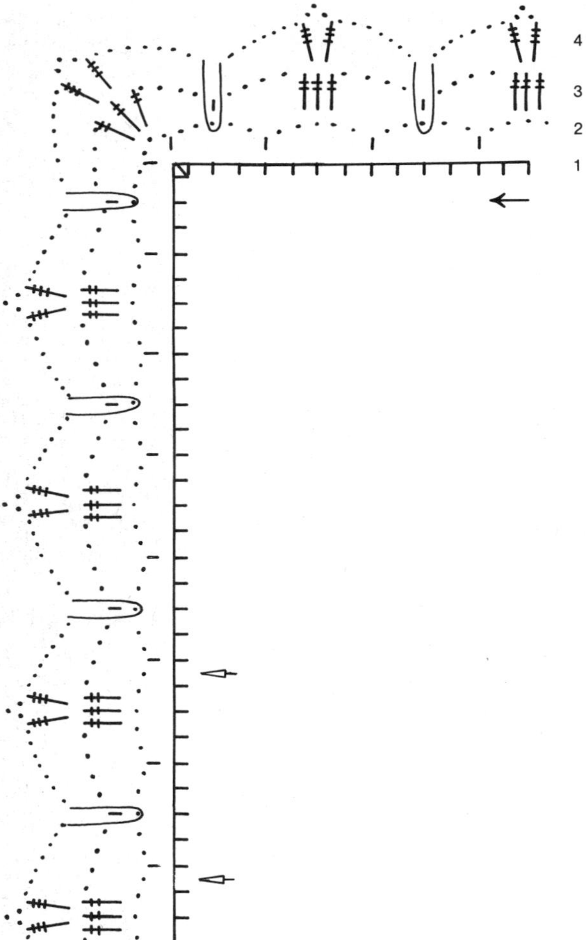
4
3
2
1

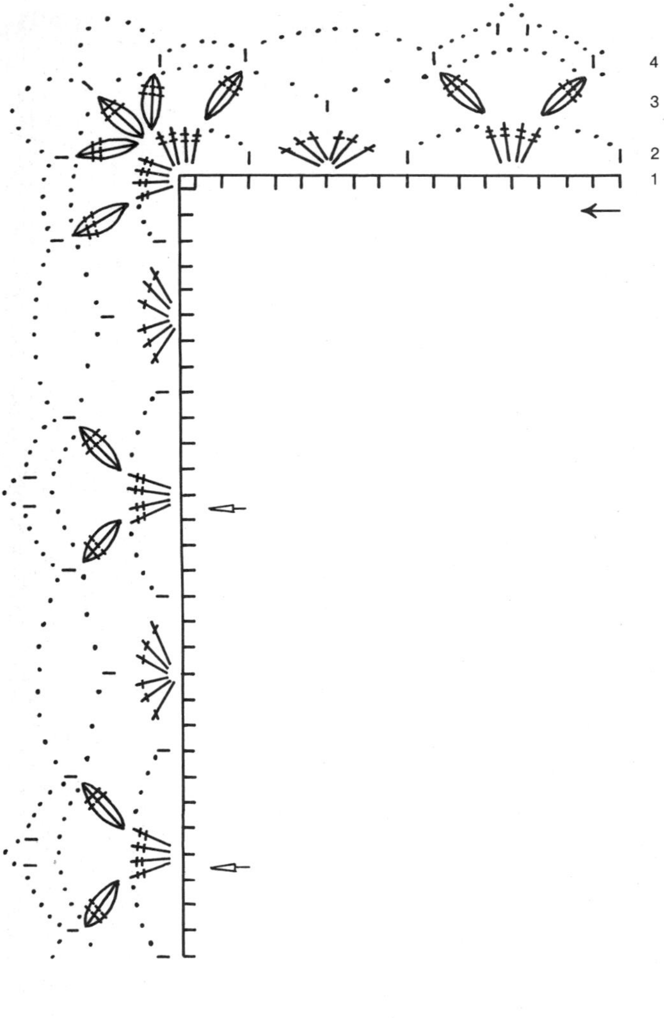
4
3
2
1

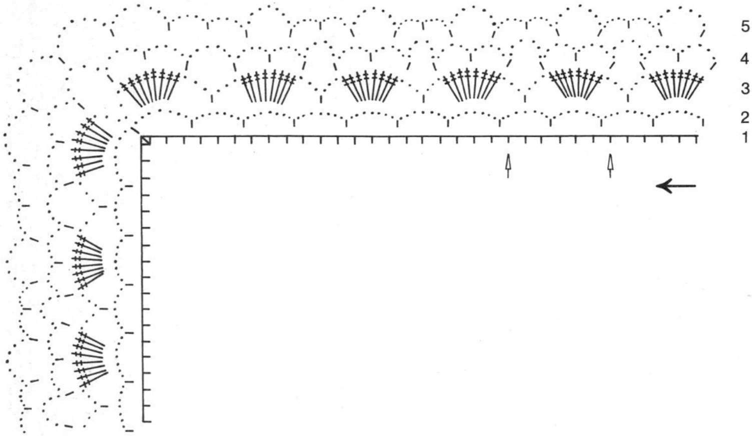
5
4
3
2
1

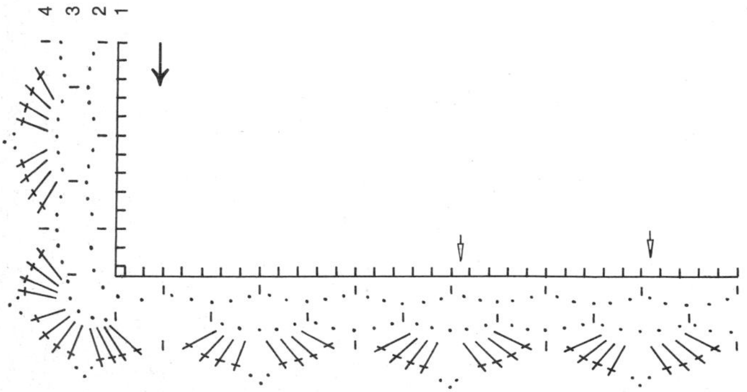
4
3
2
1

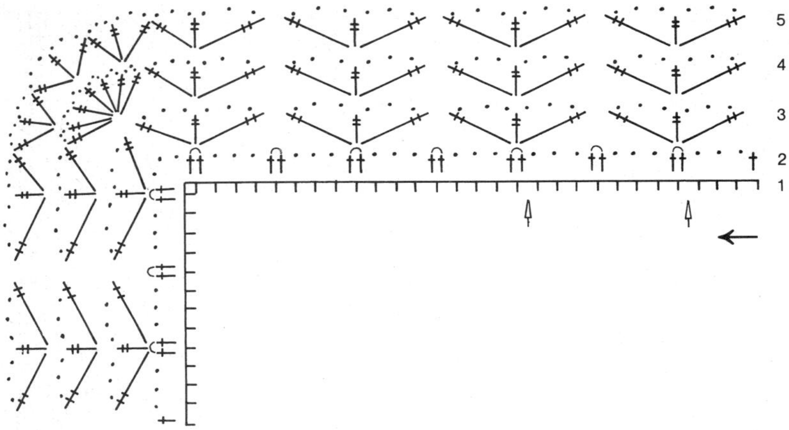
5
4
3
2
1

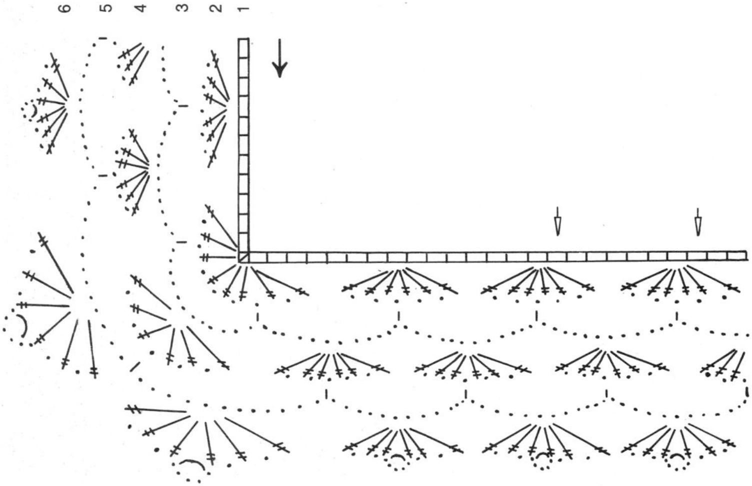
6
5
4
3
2
1

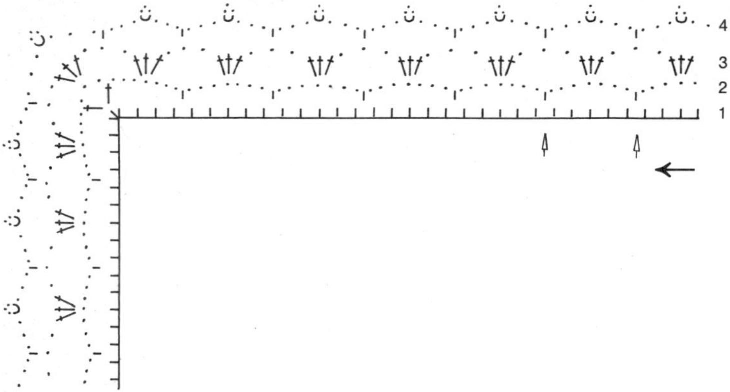
4
3
2
1

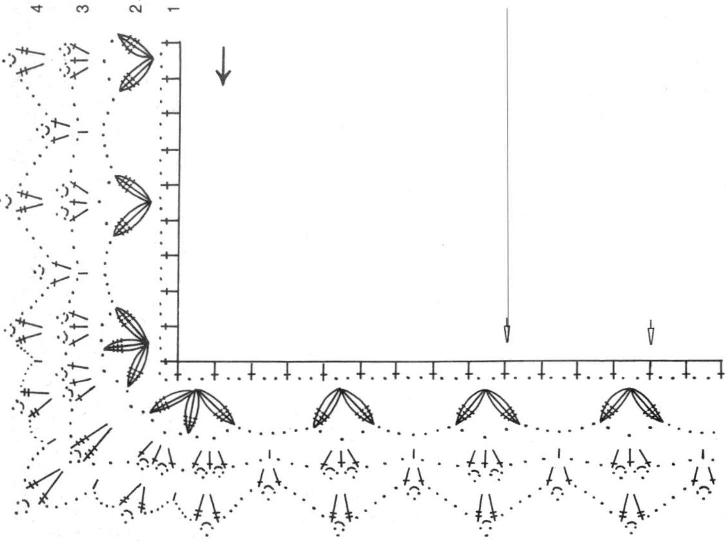
4
3
2
1

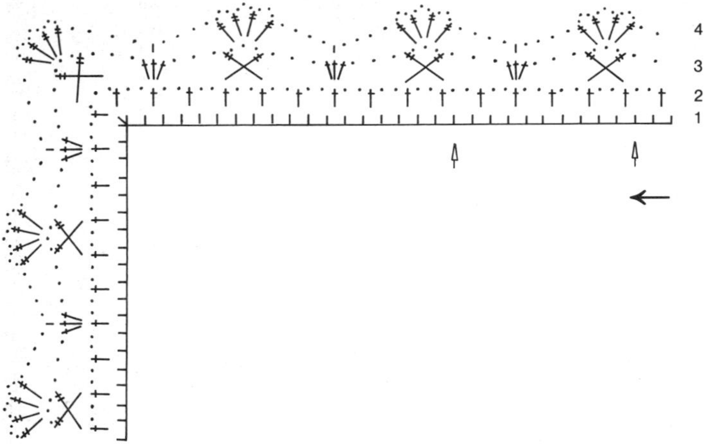
4
3
2
1

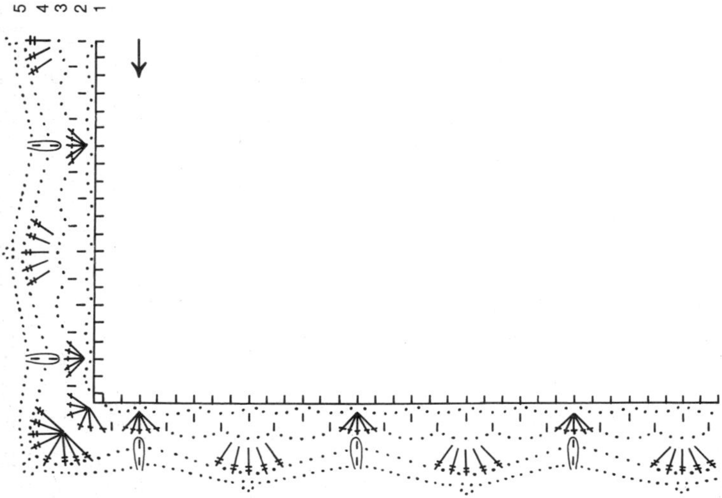
5 4 3 2 1

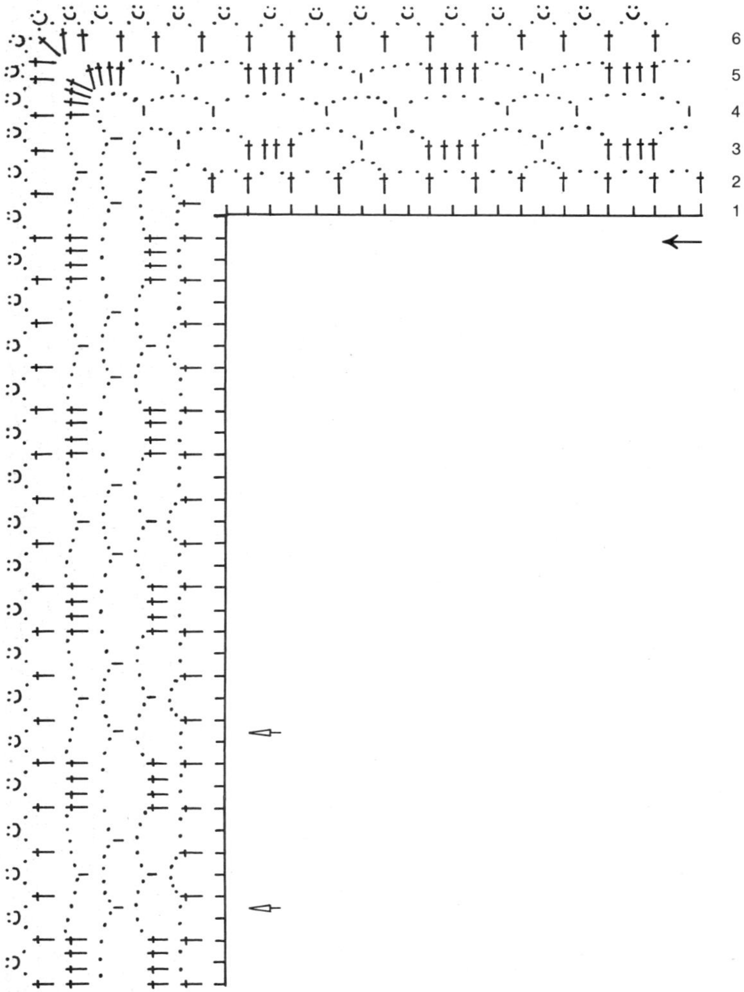
6
5
4
3
2
1

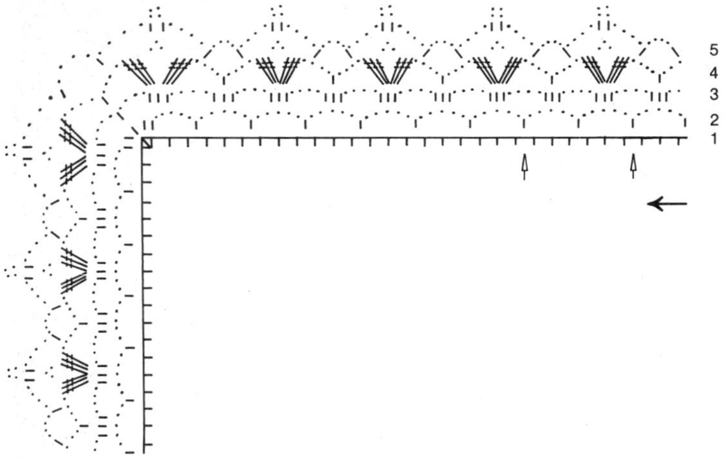
5
4
3
2
1

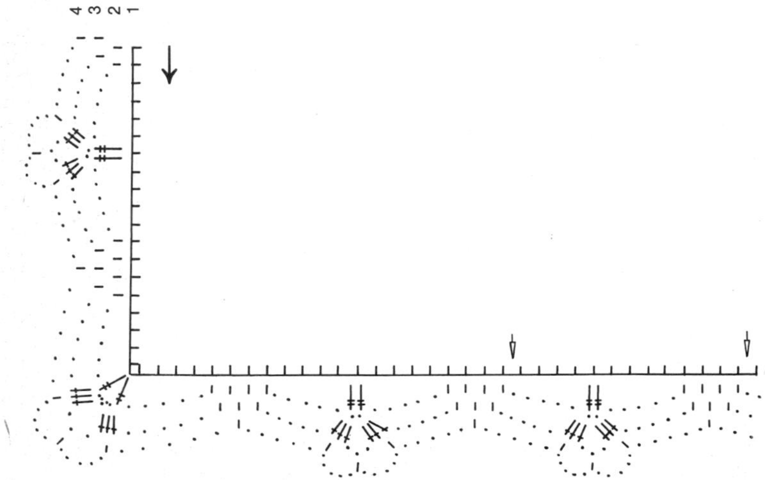
4
3
2
1

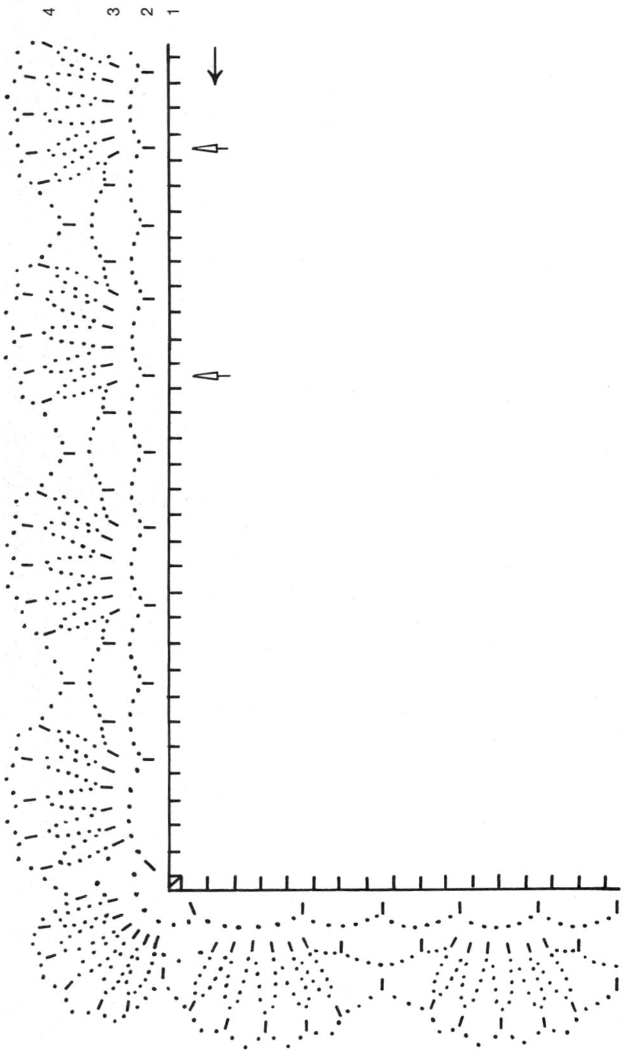
4
3
2
1

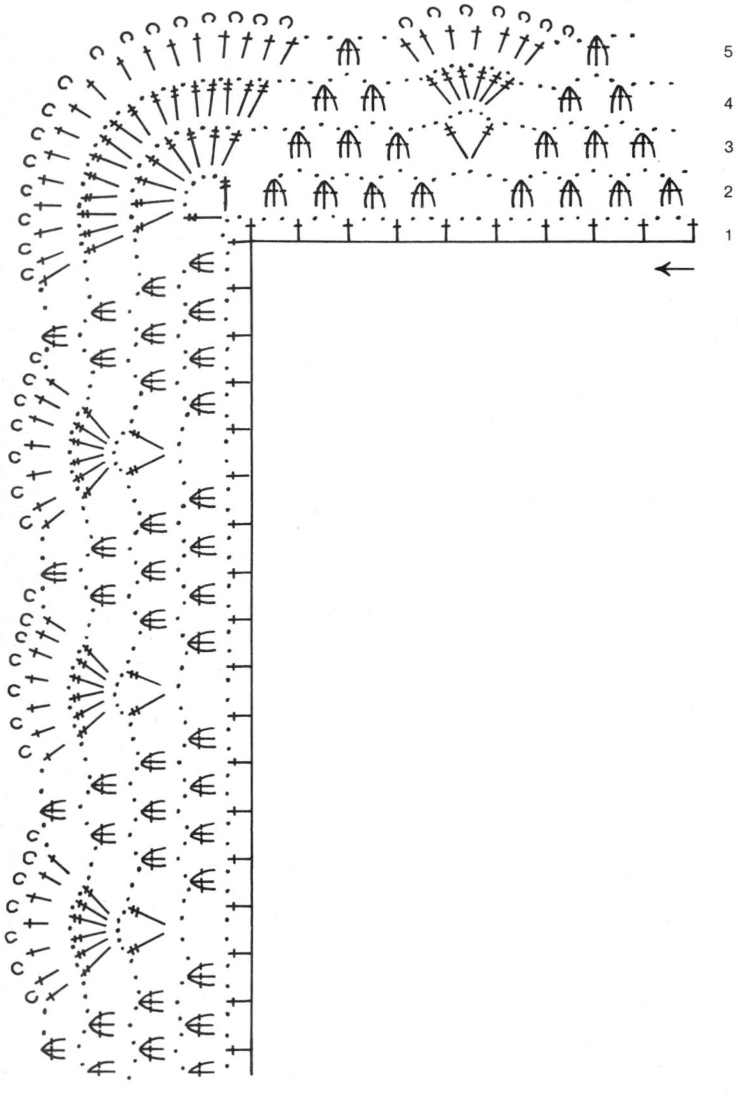
5
4
3
2
1

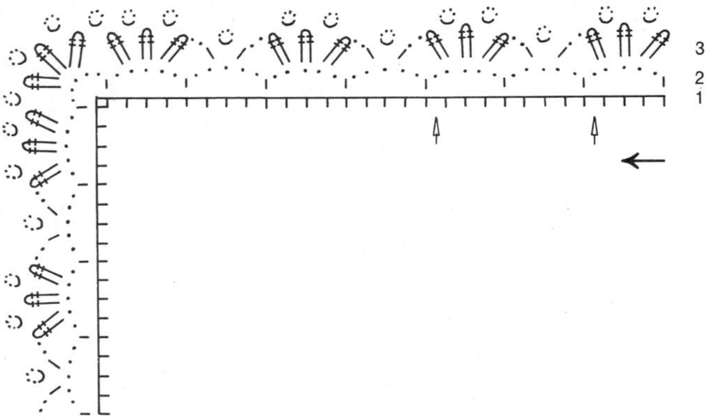
3
2
1

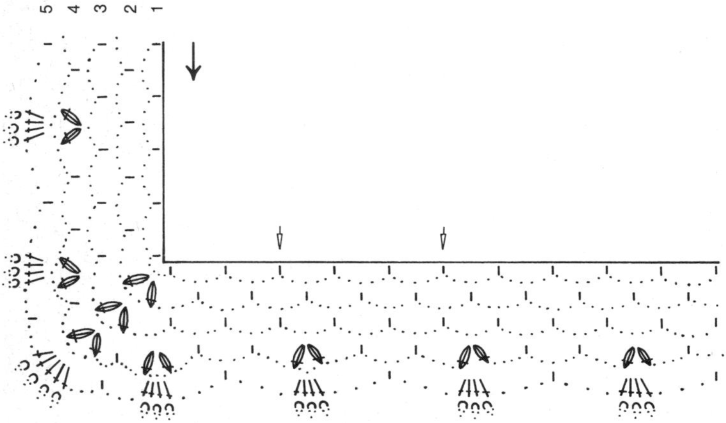
5
4
3
2
1

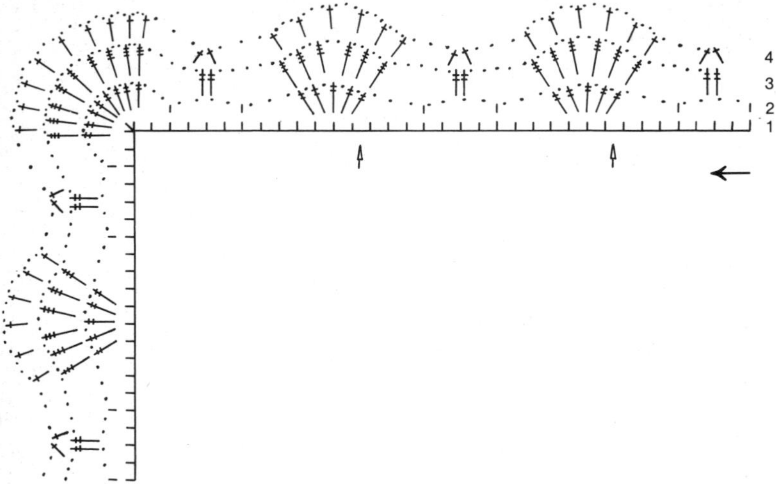
4
3
2
1

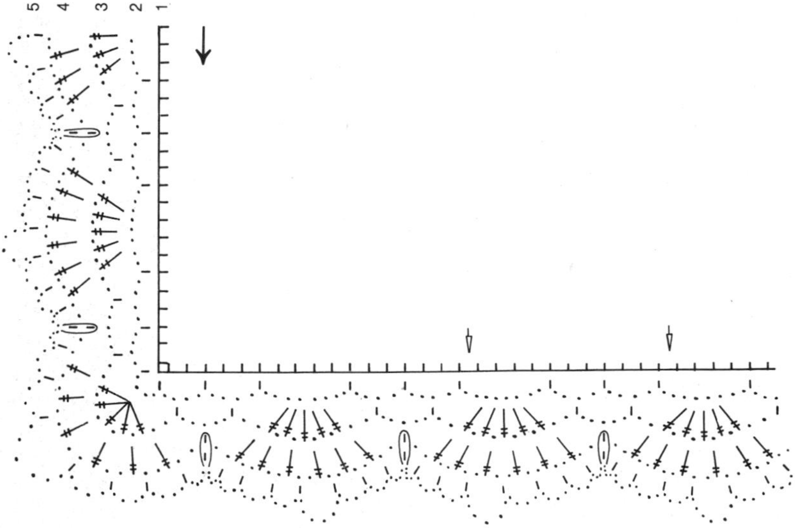
5
4
3
2
1

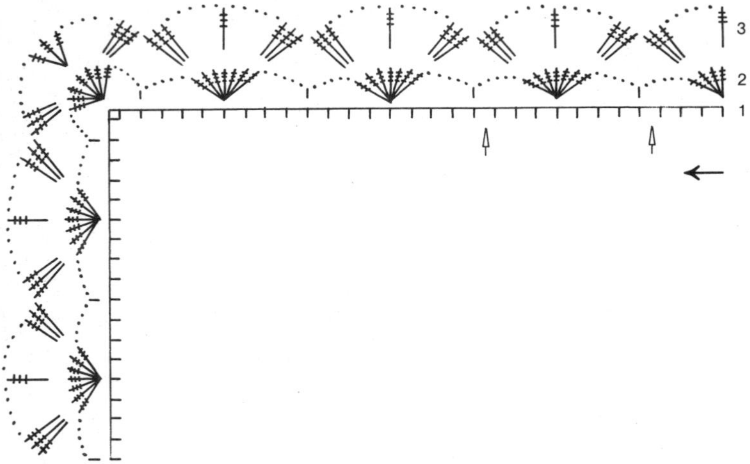
3
2
1

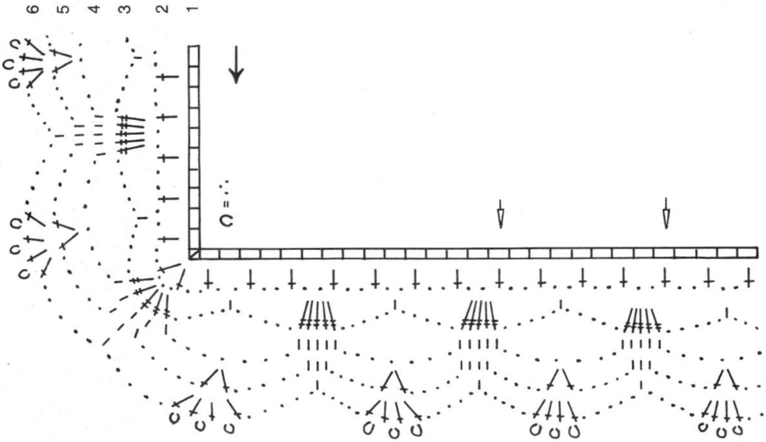
6
5
4
3
2
1

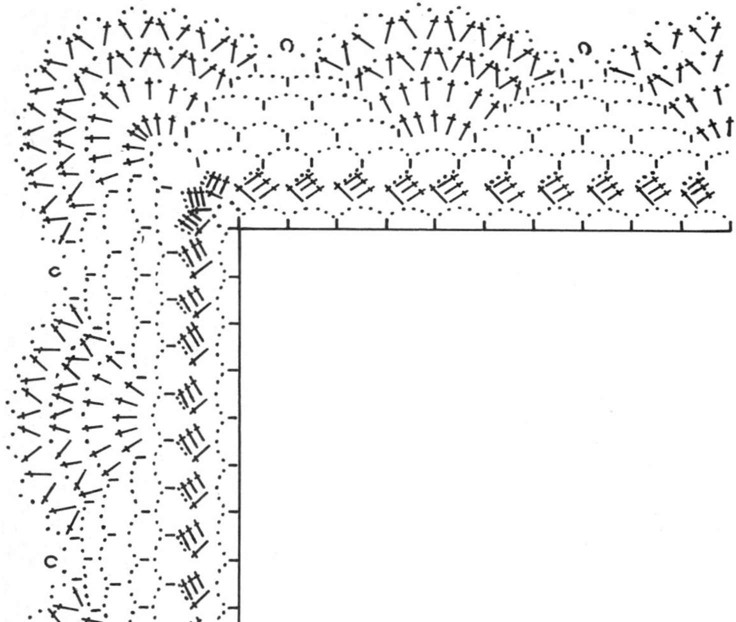
7
6
5
4
3
2
1

4
3
2
1

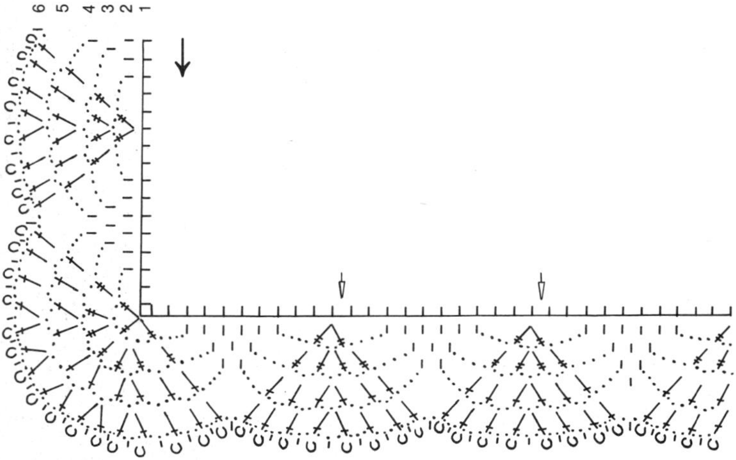
6 5 4 3 2 1

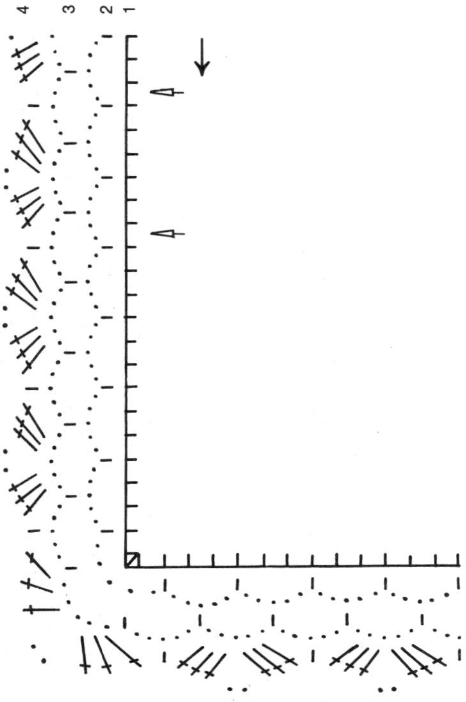
1
2
3
4

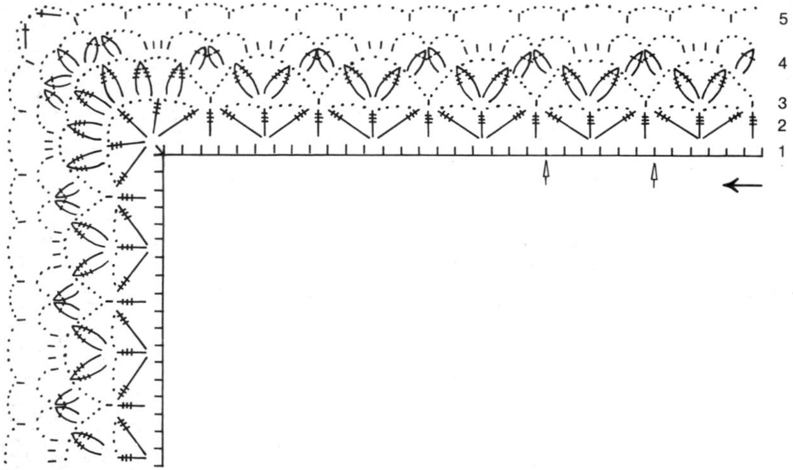
5
4
3
2
1

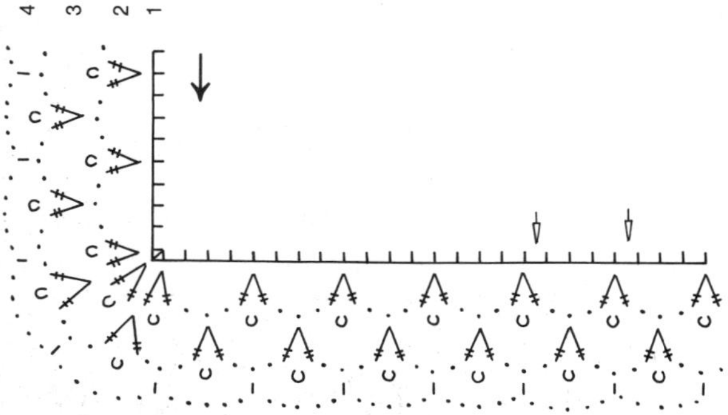
4
3
2
1

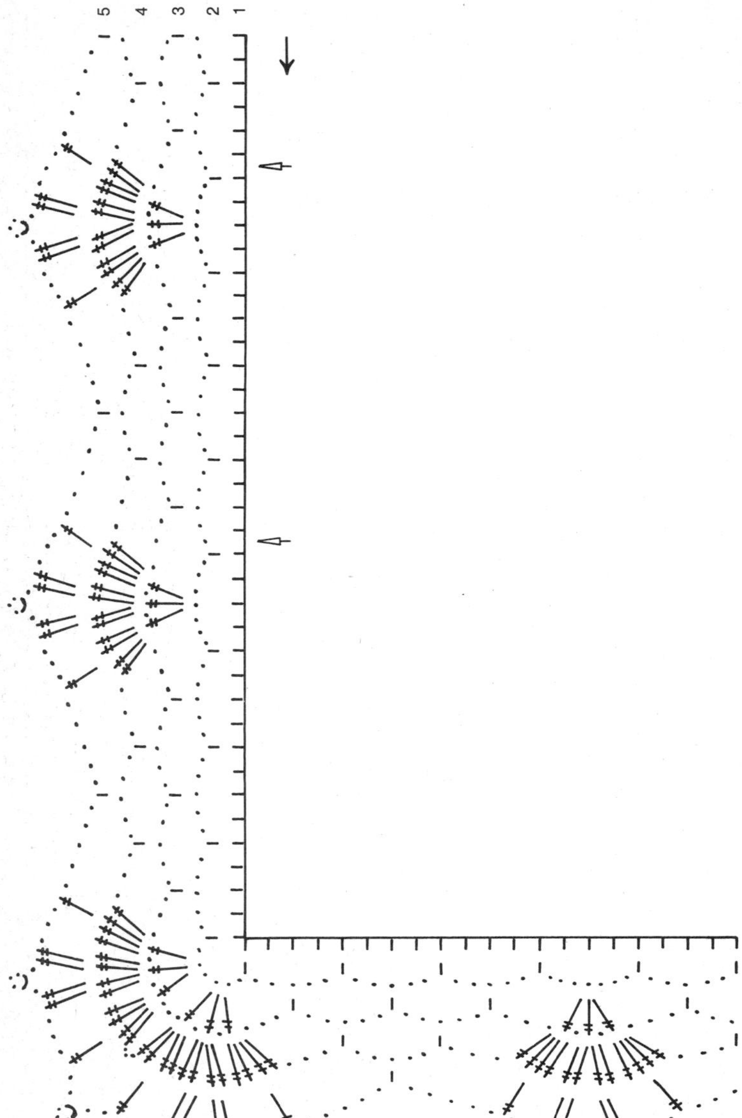
1
2
3
4
5

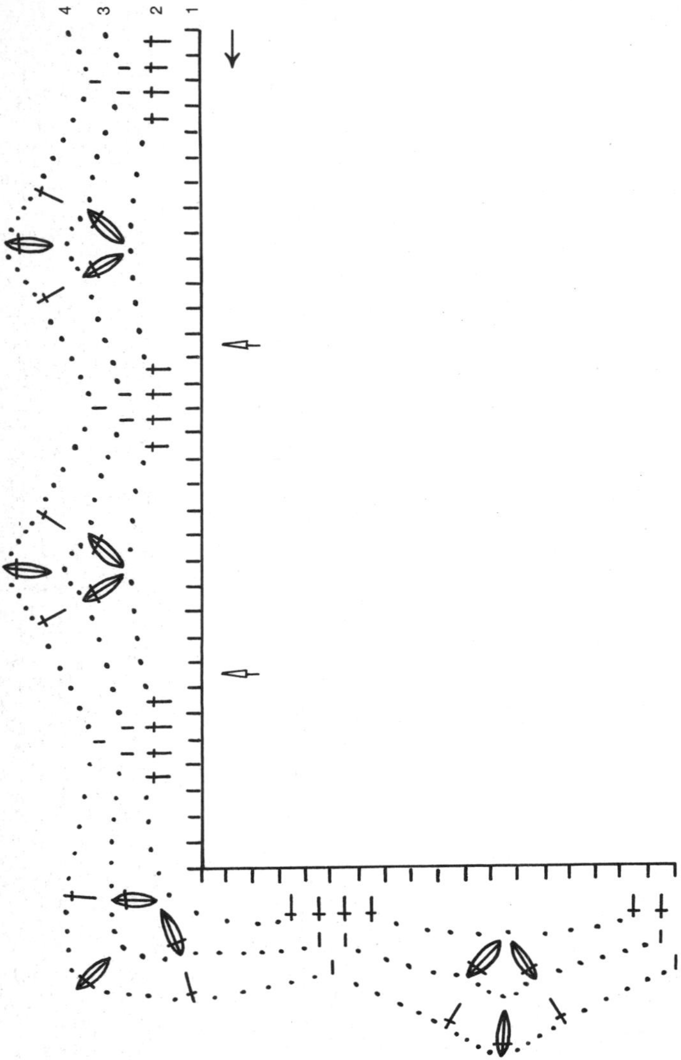
4
3
2
1

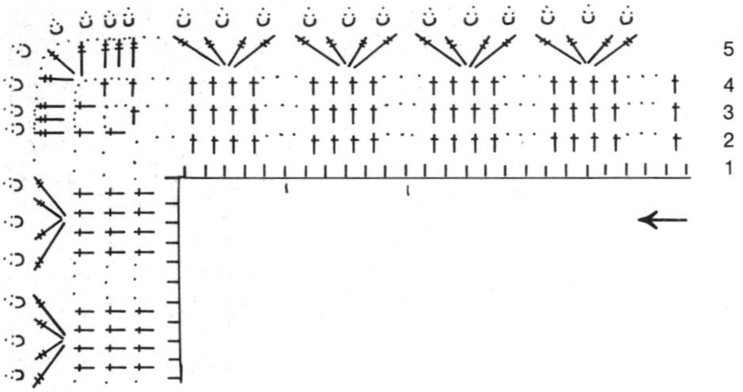
5
4
3
2
1

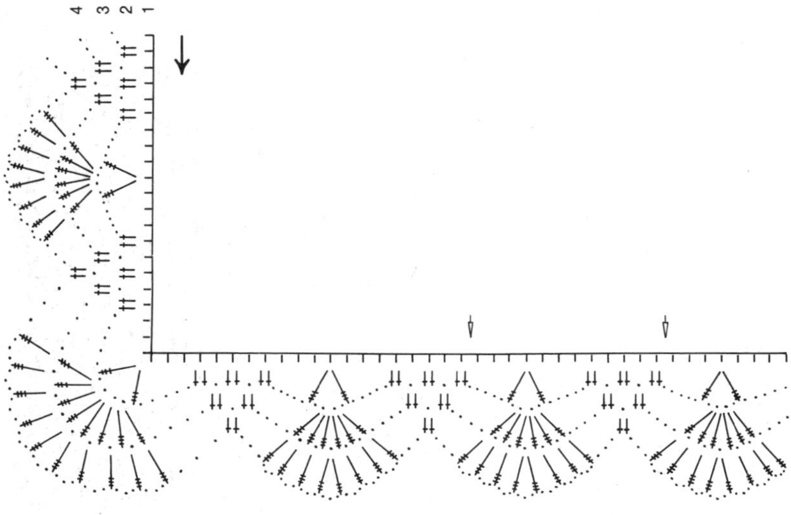
4
3
2
1

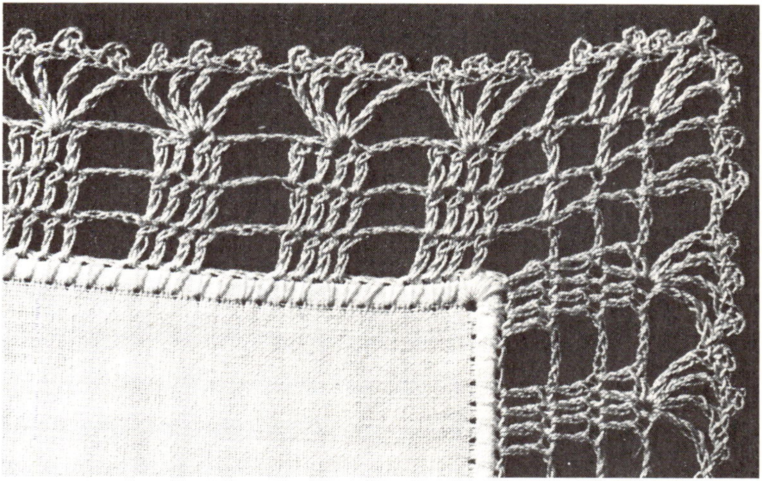

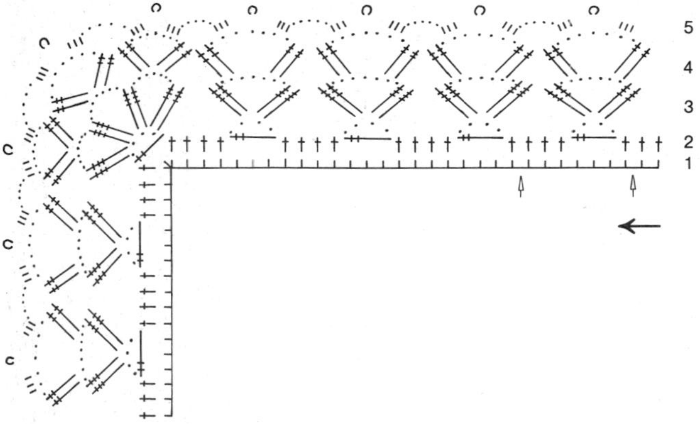
5
4
3
2
1

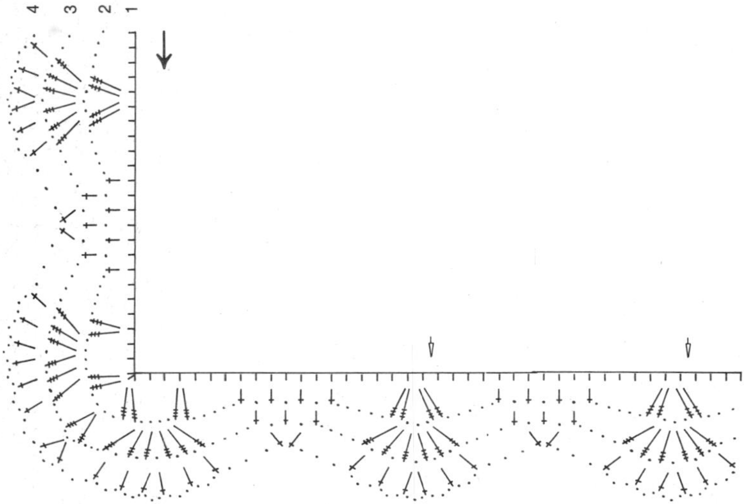
4
3
2
1

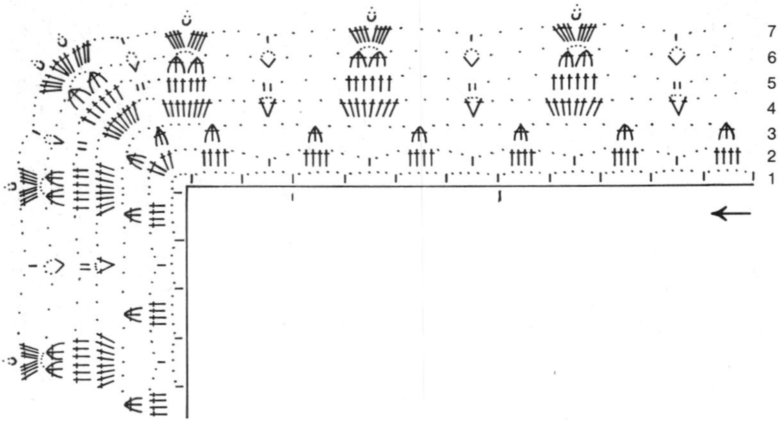

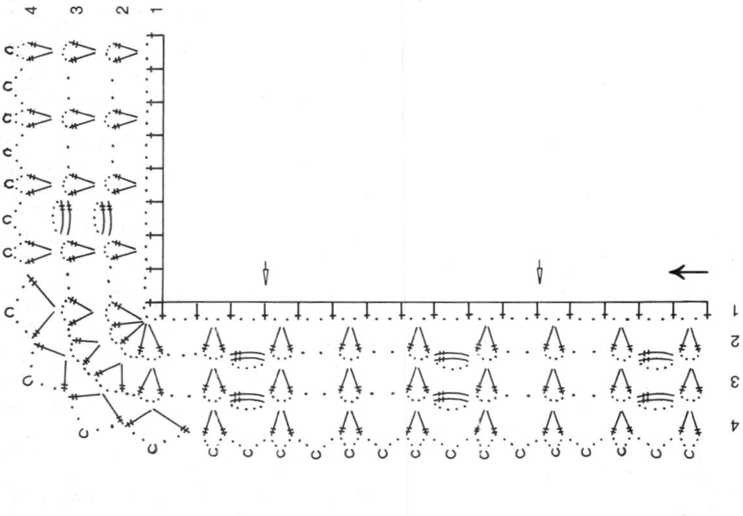

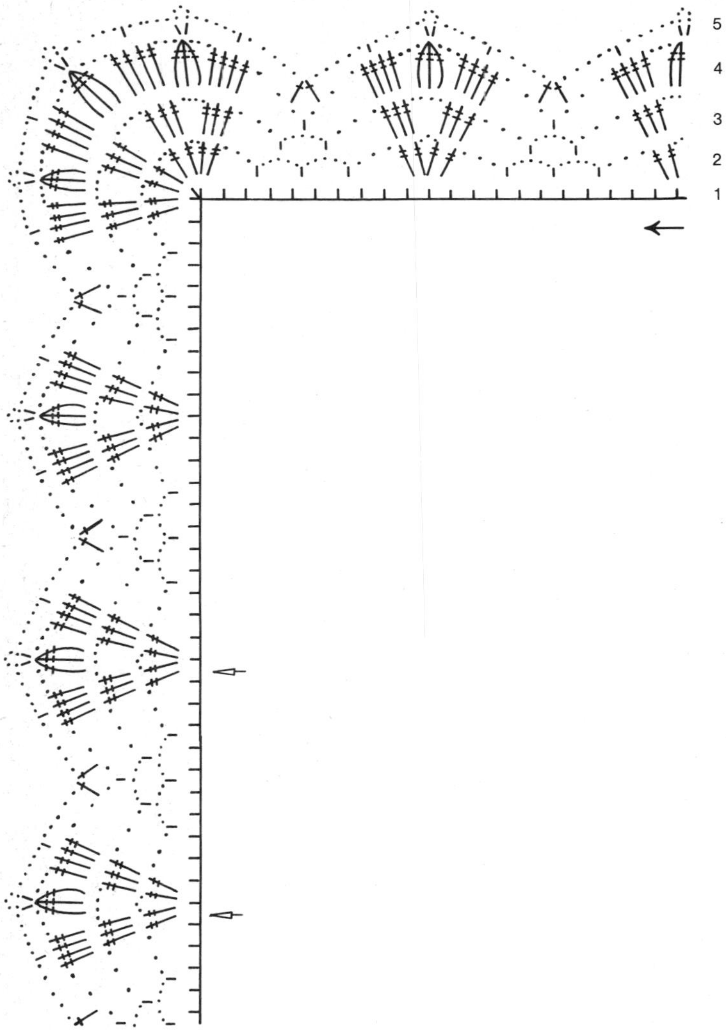
5
4
3
2
1

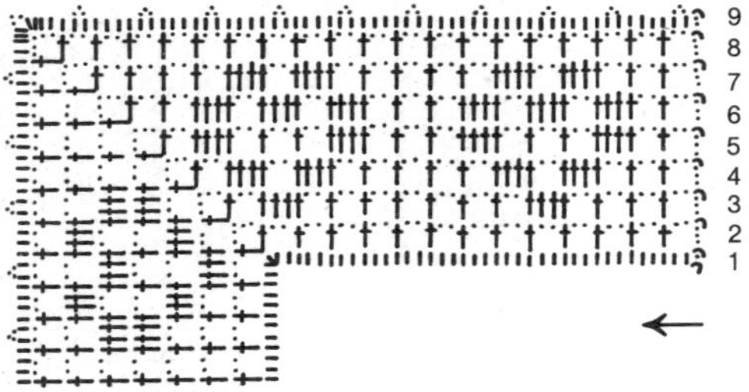
9
8
7
6
5
4
3
2
1

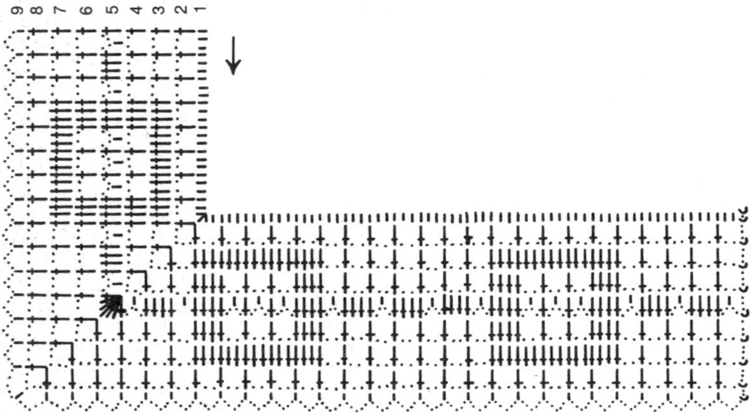

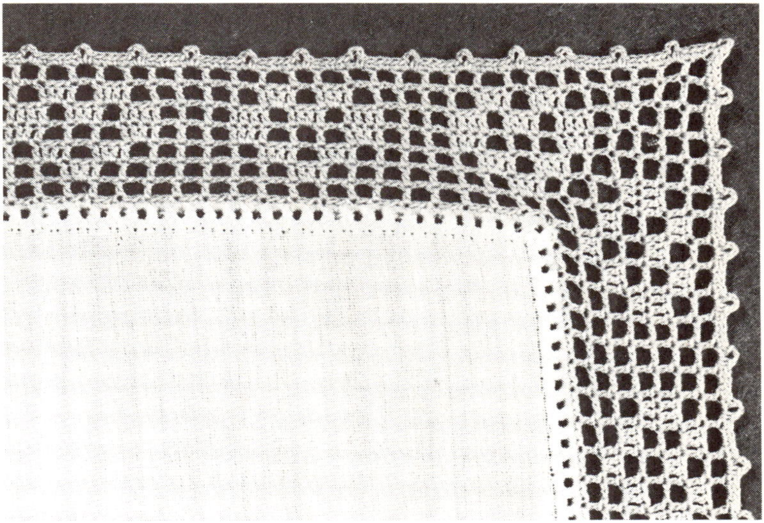

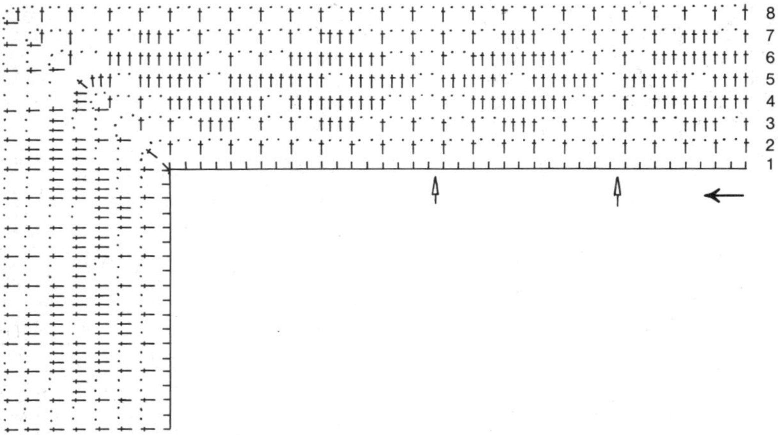
8
7
6
5
4
3
2
1

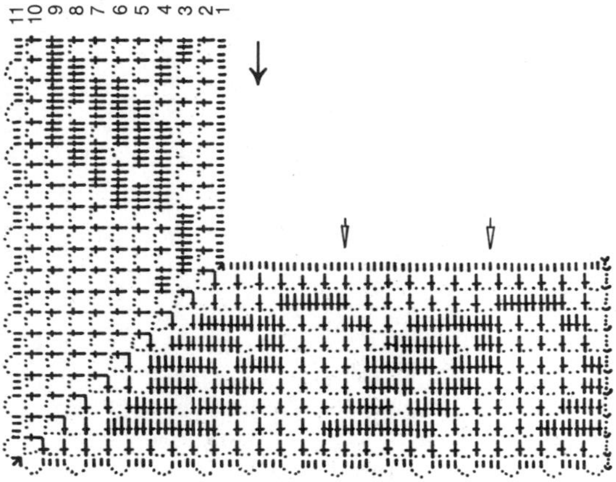
11
10
9
8
7
6
5
4
3
2
1

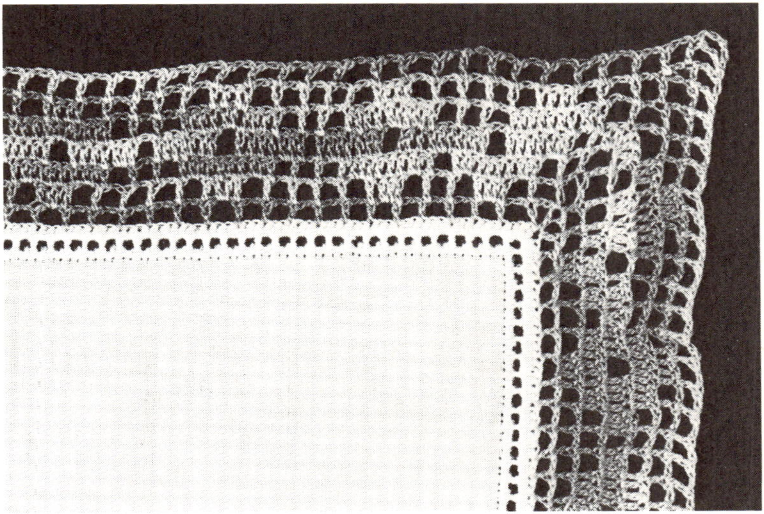

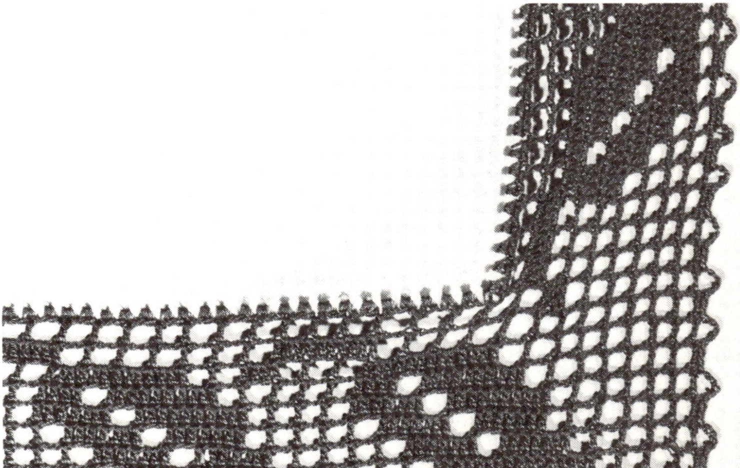

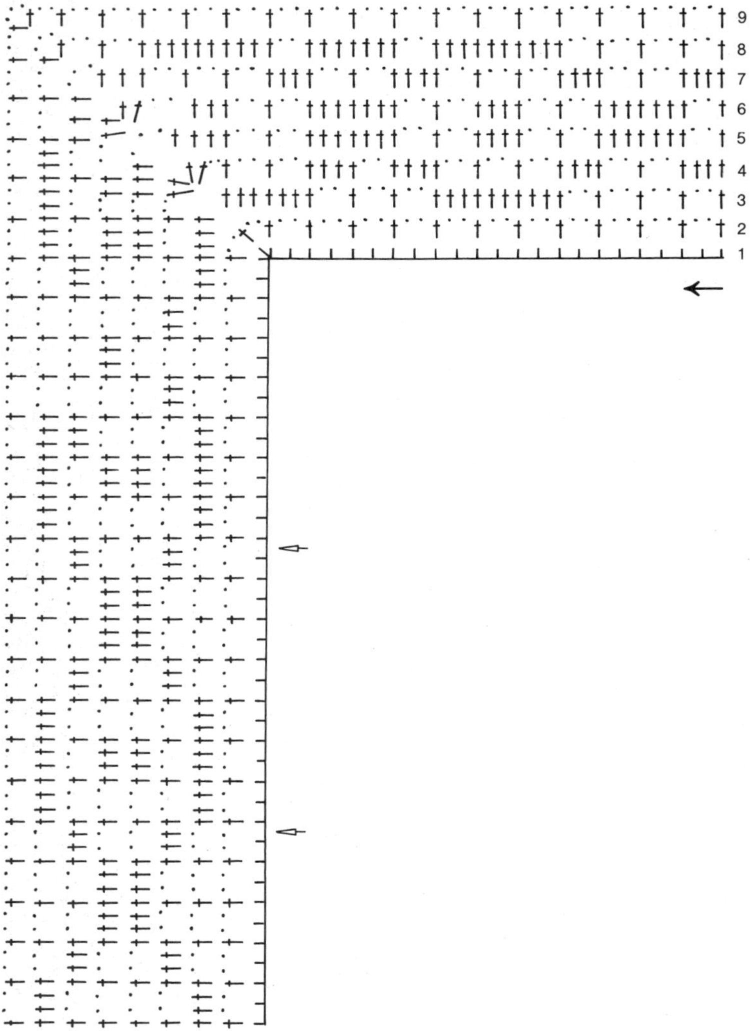

9
8
7
6
5
4
3
2
1

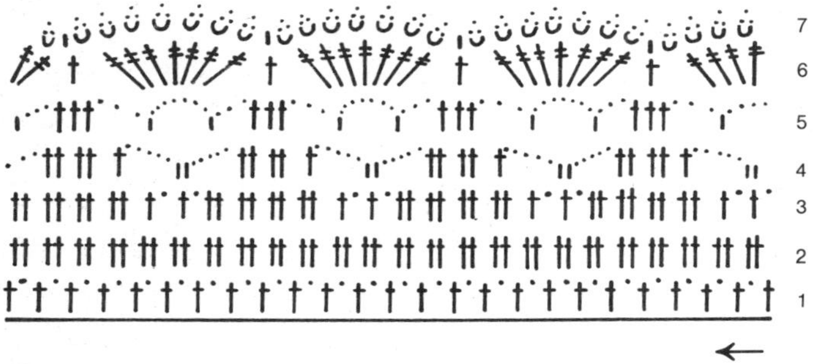
7
6
5
4
3
2
1

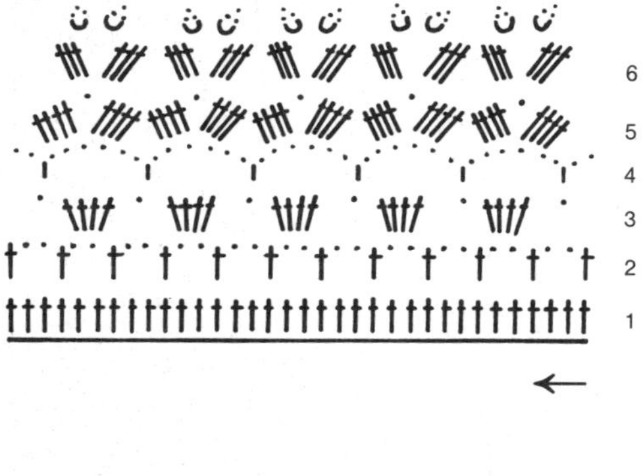
6
5
4
3
2
1

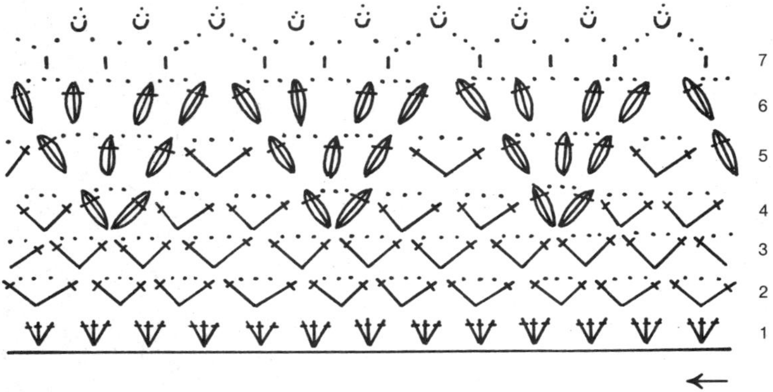
7
6
5
4
3
2
1

6
5
4
3
2
1

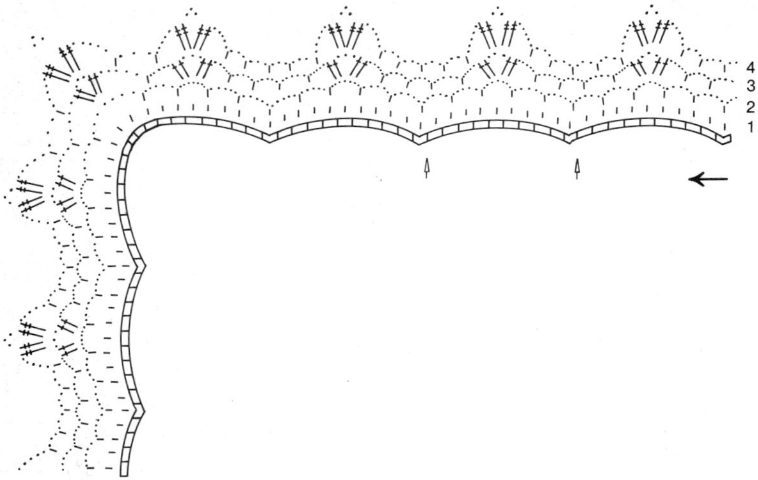
4
3
2
1

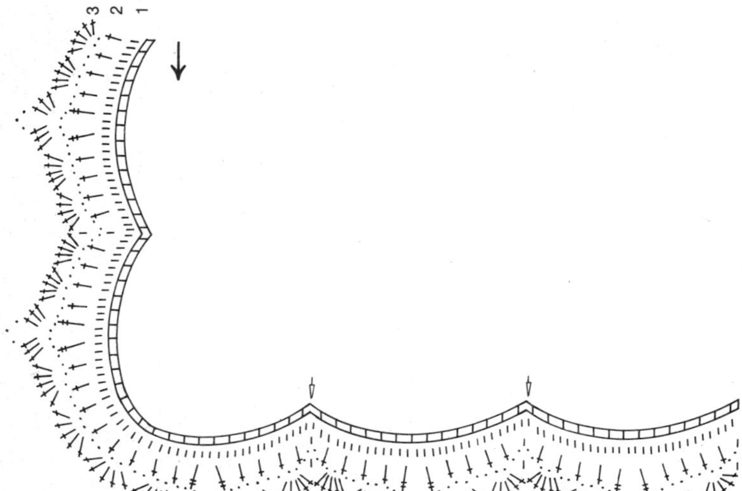
3
2
1

3
2
1

3
2
1

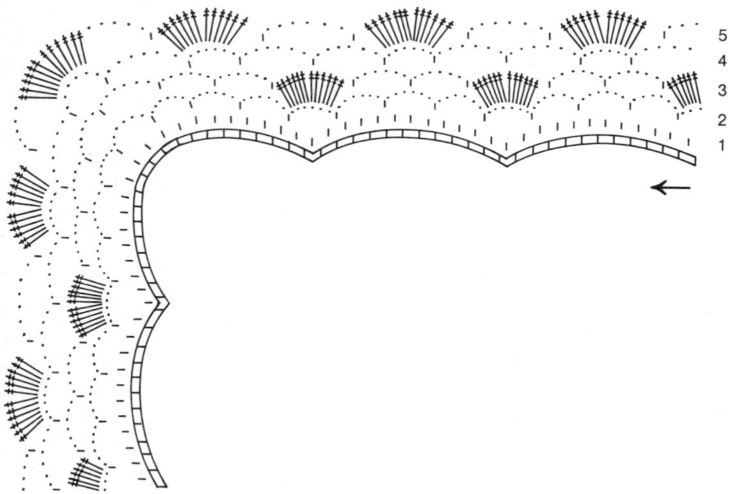
5
4
3
2
1

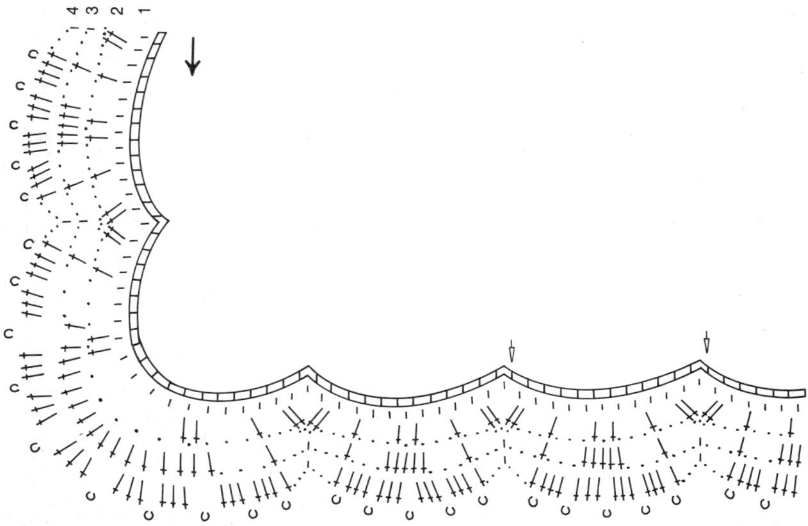
4
3
2
1

5
4
3
2
1

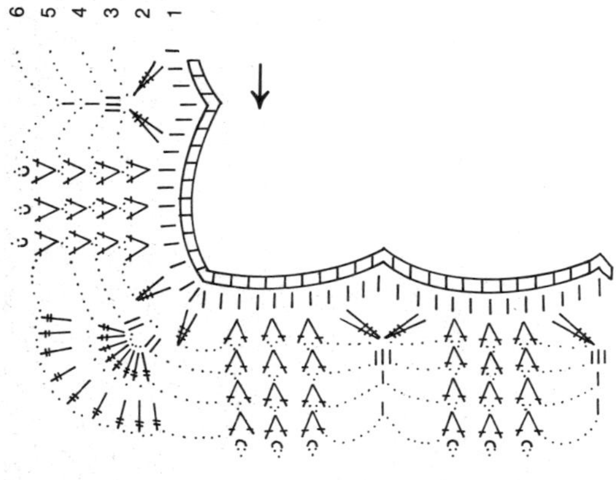
6
5
4
3
2
1

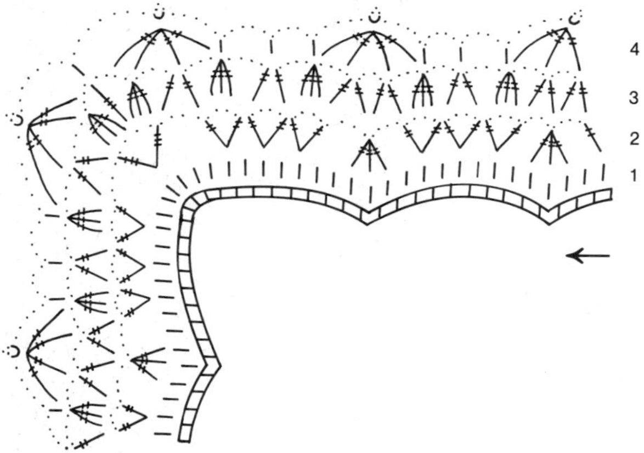
4
3
2
1

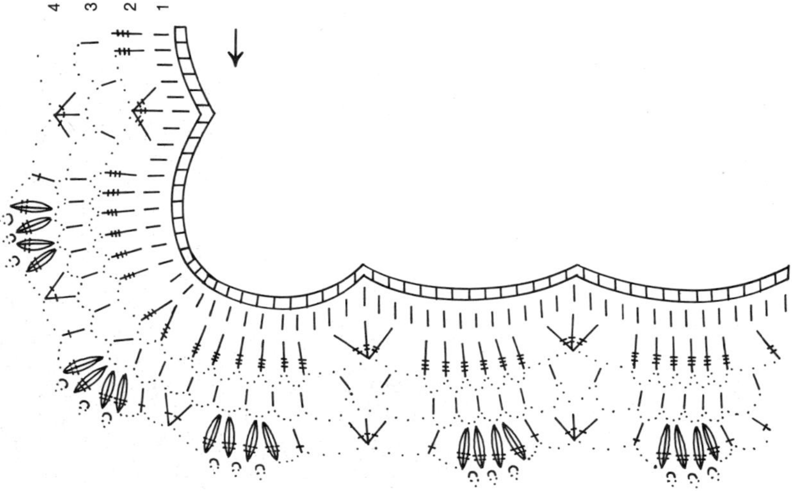
4
3
2
1

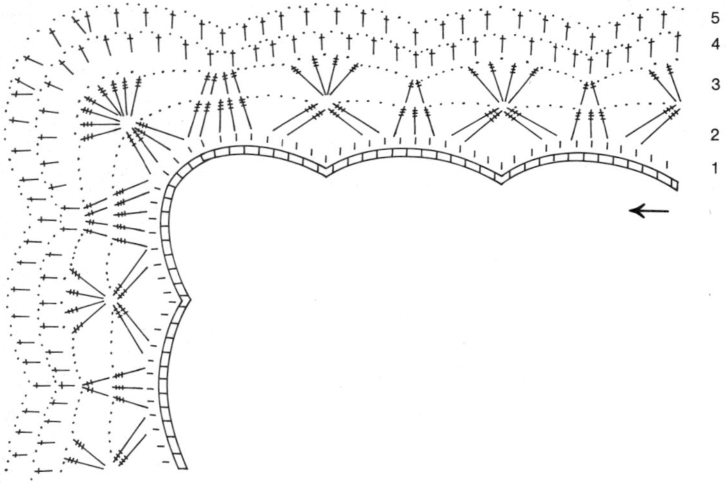
5
4
3
2
1

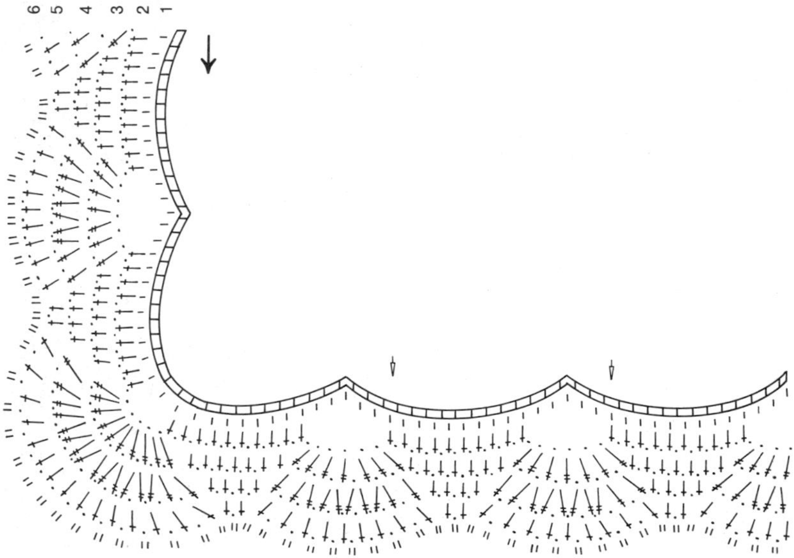
6
5
4
3
2
1

6
5
4
3
2
1

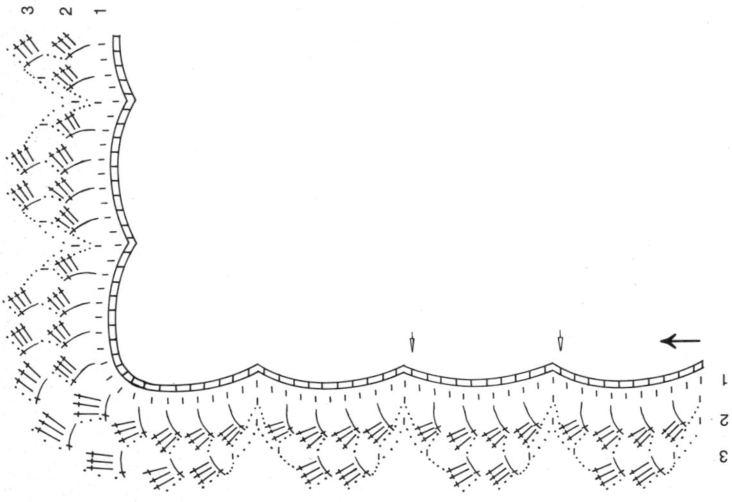
3
2
1

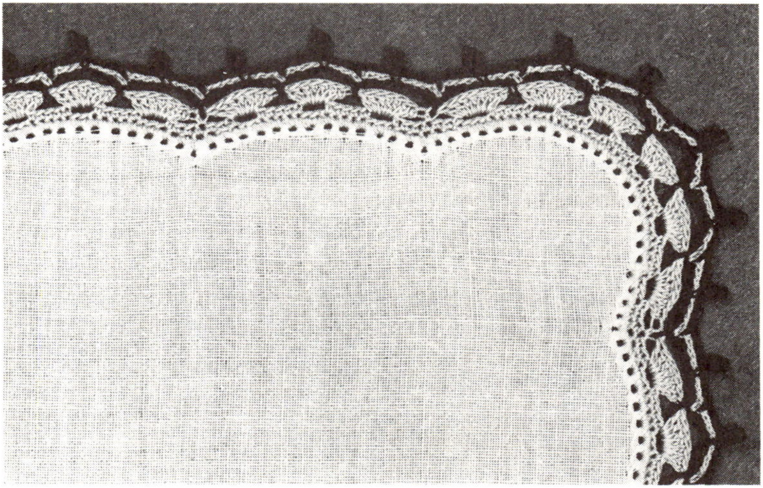

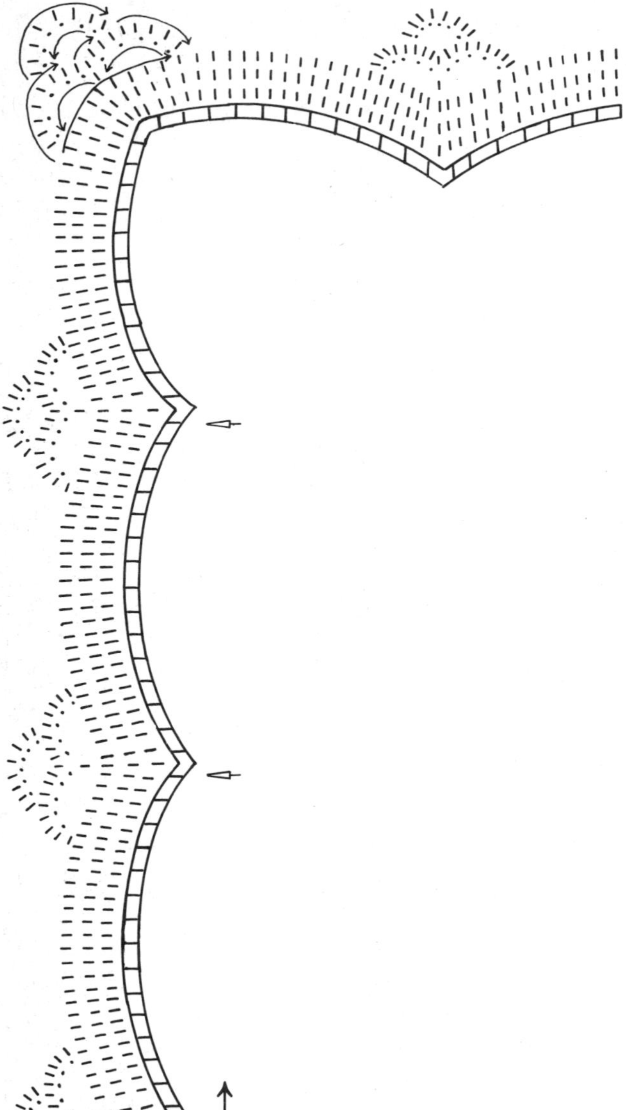
5
4
3
2
1

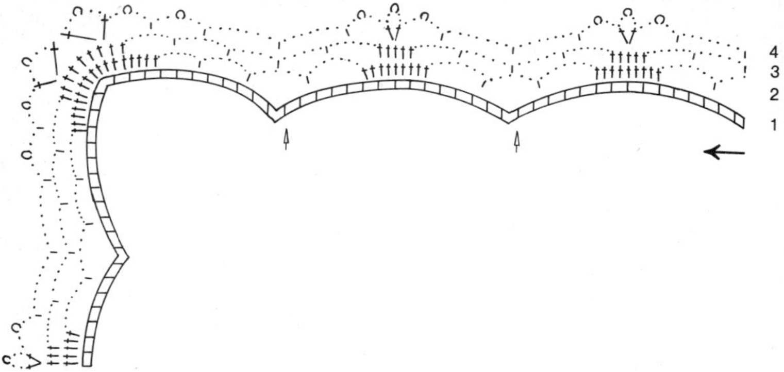
4
3
2
1

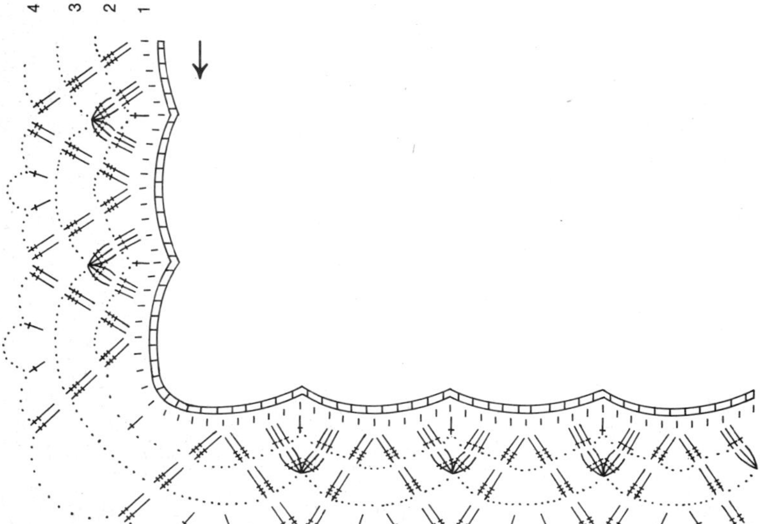
4
3
2
1

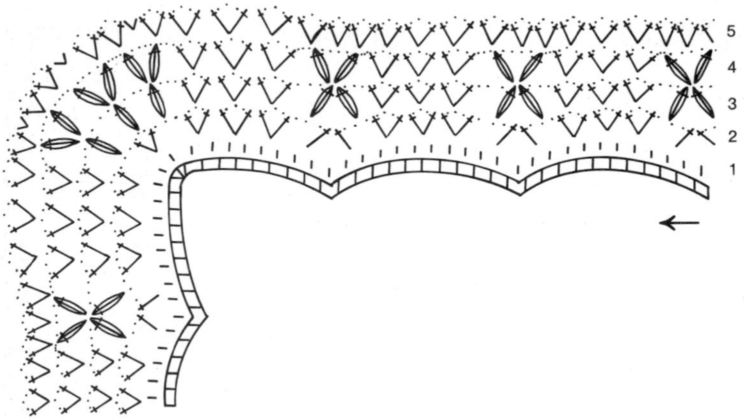
5
4
3
2
1

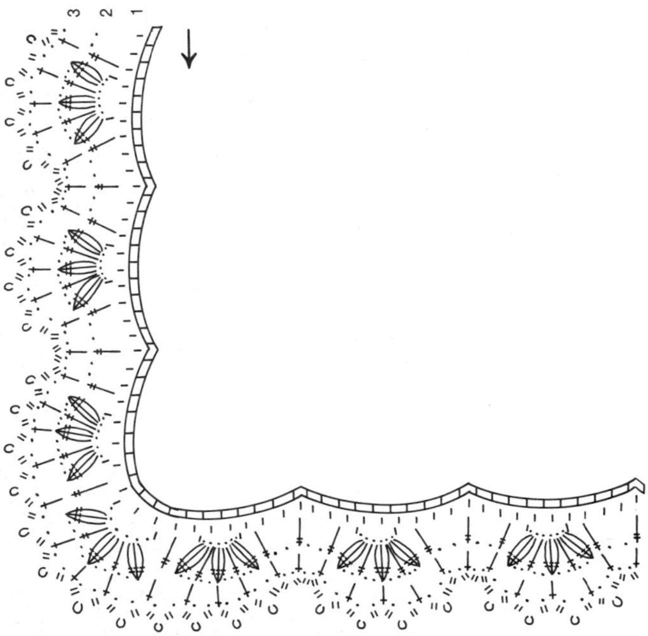
3
2
1

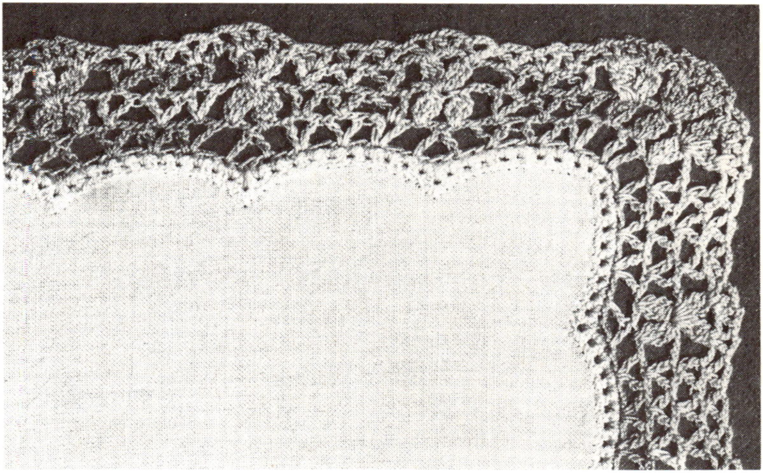

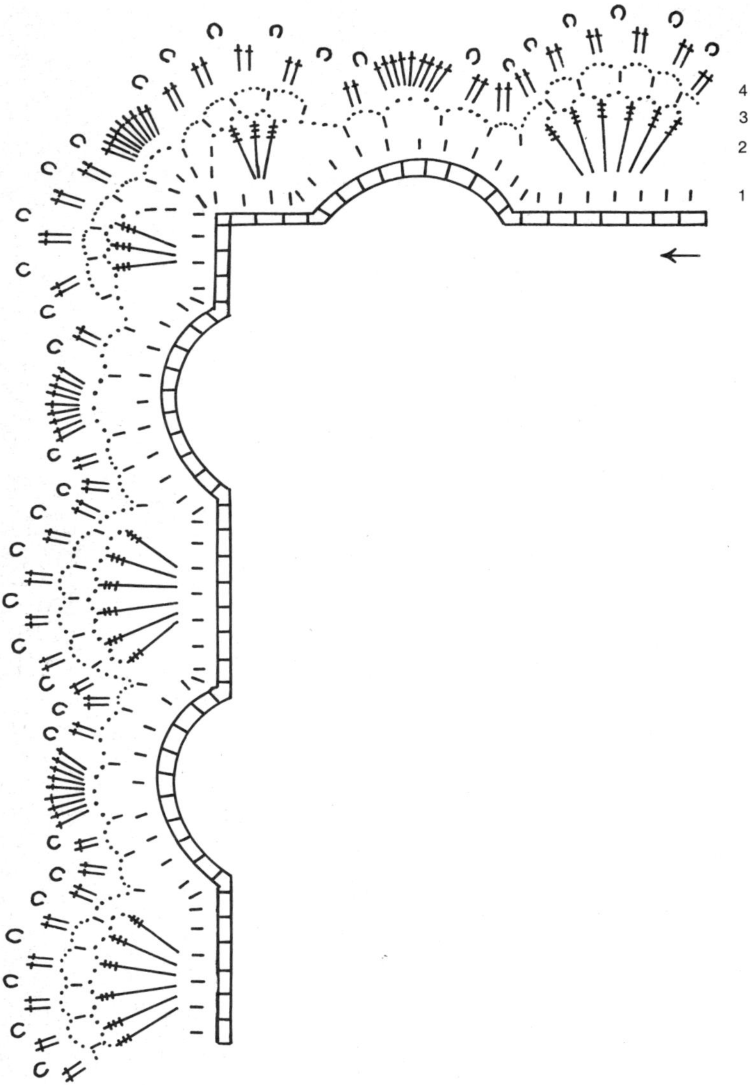
4
3
2
1

5
4
3
2
1

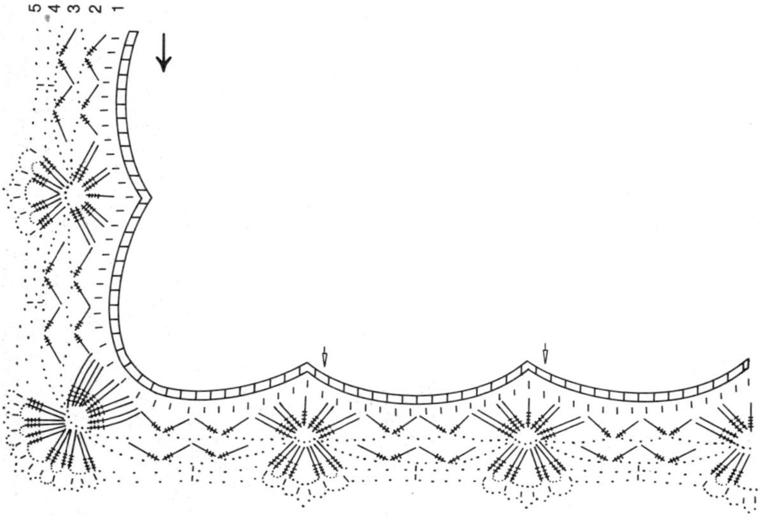
5
4
3
2
1

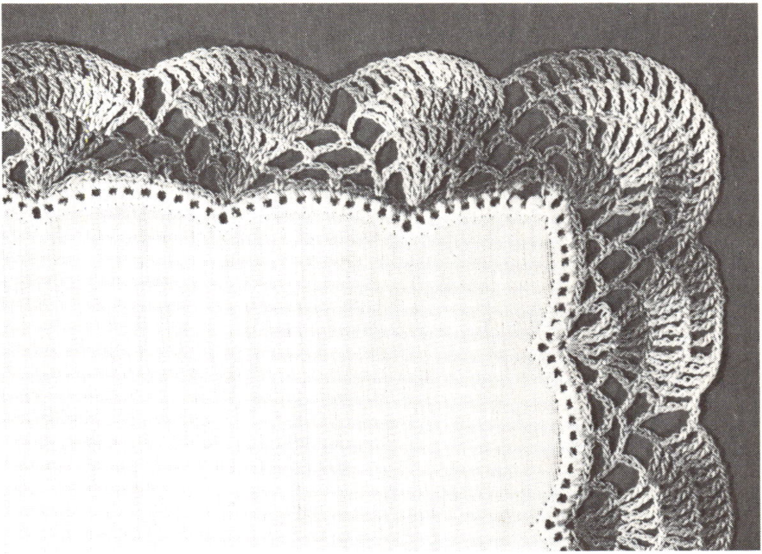

MEZ
GARNE
Sicheres
Nähen –
wertvolle
Handarbeiten
MEZ AG · Postfach 1080 · 7800 Freiburg